制造战略要素关系结构与世界级制造

杨 槐 著

国家自然科学基金项目（70962003）

亚洲开发银行课题（KKF0200508101；KKX0201008020；

KKF0201213011；KKF0201313015）

国家专业综合改革试点项目（工商管理）

云南省专业综合改革试点项目（工商管理）

云南省特色专业（工商管理）

昆明理工大学公共基础设施项目管理创新团队

云南社科基金课题（YB2012016）

研究成果

科 学 出 版 社

北 京

内 容 简 介

本书使用国际制造战略调查数据（international manufacturing strategy survey，IMSS），基于制造战略理论，对制造战略要素关系结构模型运用结构方程模型（structural equation modeling，SEM）方法进行了深入分析。本书的主要内容包括制造战略的研究领域；制造战略要素关系结构的变迁；制造战略要素关系结构在纵向（时间维度）、不同因素影响下的差异与变化；中国制造企业的要素关系结构特征，并发现在制造实践的采用上集中于支持两到三个竞争优先权的企业要优于分散支持的企业。最后，提出了中国制造企业从制造大国走向制造强国应运用世界级制造的思想和方法。

本书可供高等院校工商管理、管理科学与工程等相关专业的研究人员参考，也可供制造企业工程技术人员和管理人员阅读。

图书在版编目（CIP）数据

制造战略要素关系结构与世界级制造/杨槐著. —北京：科学出版社，2015

ISBN 978-7-03-046276-3

Ⅰ．①制…　Ⅱ．①杨…　Ⅲ．①制造工业–工业企业管理–战略管理–研究　Ⅳ．①F407.406

中国版本图书馆 CIP 数据核字（2015）第 267926 号

责任编辑：李　莉　李　嘉/责任校对：李　影
责任印制：霍　兵/封面设计：无极书装

科 学 出 版 社 出版

北京东黄城根北街 16 号
邮政编码：100717
http://www.sciencep.com

三河市骏走印刷有限公司　印刷
科学出版社发行　各地新华书店经销

＊

2016 年 1 月第 一 版　开本：720×1000　1/16
2016 年 1 月第一次印刷　印张：10
字数：202 000

定价：52.00 元

（如有印装质量问题，我社负责调换）

前　　言

制造部门对制造企业来说具有基础性的重要作用，企业对制造系统的有效配置可以使之获得竞争优势，成为竞争的有力武器。随着世界经济的发展，全球市场一体化的进程加快，国际性的经济合作与竞争、全球范围内的制造和销售等日益发展，市场竞争越来越激烈，对制造部门的要求也越来越高。

面对这种情况，制造系统的作用和功能也日渐受到实践和研究人员的重视。在制造战略（manufacturing strategy，MS）理论的研究过程中，制造战略的要素构成和要素之间的关系始终是研究的核心问题。但由于研究难度较大，大多数关于这一领域的研究都集中在制造的战略要素构成和竞争优先权之间的关系上，而对制造的战略层次要素与制造的执行层次要素之间关系的研究非常少，从纵向上对制造战略要素之间的关系进行的研究甚至还未涉及。因此，本书从制造战略要素之间的关系这一方面出发，应用国际制造业战略调查（international manufacturing strategy survey，IMSS）项目的数据库，对制造战略要素之间的匹配关系进行探索性的纵向研究。

本书中首先对制造战略要素之间的关系进行了纵向描述性的研究，分析了制造战略要素之间的关系在三个阶段中的变化历程，即从早期的制造实践的实施围绕降低成本这个中心，到随后的制造实践的实施主要是为了降低成本和提高质量，再到后来实施种类繁多的制造实践，以实现多样化的制造竞争优先权的复杂结构逐渐变化过程。本书还讨论了制造战略要素之间的关系在这一变化过程中的具体表现形式，以及造成这种变化的主要原因。

在文献研究的基础上，本书提出了制造战略要素之间的关系结构模型，即制造的战略层次要素和执行层次要素之间的匹配，以获得制造竞争优势。本书还分析了模型中制造的战略层次要素与执行层次要素的内容，讨论了影响制造战略要素关系模型结构的因素，并对模型实证所需的数据进行了考查和析取，对数据的信度和效度进行了分析，特别是从竞争优先权的验证性因子分析的结果来看是比较令人满意的。

本书利用 IMSS 的调查数据，从横向和纵向上运用回归分析和结构方程模型对制造战略要素关系结构模型进行了实证研究，结果表明质量是最受关注和重视的竞争优先权。除了成本之外，其他优先权之间均显示了较强的相关关系。质量、服务、柔性三种竞争优先权与制造实践之间的关系始终体现了较强的相关关系，但成本和交货对制造实践采用的影响不大。相对来说，在制造实践的采用上，集中于支持两到三个竞争优先权的企业要优于分散支持的企业。

　　另外，对制造战略要素的关系结构在不同的区域、企业规模和经济发展层次下的不同表现形式进行了分析。在区域因素下，欧洲地区与北美地区稍有不同；在企业规模因素下，大型企业的结构要优于中小型企业；在经济发展因素下，高发展层次国家的结构要比低发展层次国家的结构复杂。由于中国企业样本数量较少，本书仅对中国企业制造竞争优先权和制造实践做了对比分析，并提出了相应的建议，认为中国企业在从制造大国到制造强国的道路上应该运用世界级制造的方法，加强战略层次与执行层次之间的一致性。

杨　槐

2015 年 7 月 1 日

目　　录

第1章 制造业发展与制造战略

1.1 制造业的变革与制造的兴起

制造业的兴起对繁荣国家的经济具有重要作用。波特认为，国家的竞争力涉及全球经济中本国商品的生产、分销和服务与其他国家商品的生产、分销和服务之间的竞争能力。多数时候这种竞争不仅仅集中在制造的服务领域，生产率具有更坚固的作用。没有有力的制造部门，一个国家若想变成描述的"财富驱动的经济"，就只能生活在过去积累的投资上[1]。世界上最大的100家跨国公司中，80%集中在制造业领域，当今世界上最发达的三个国家——美国、日本、德国，其制造业也是世界上最先进的，竞争力最强的。自从哈佛大学的Skinner在1969年的开创性工作中，首次提出了制造战略概念[2]之后，制造战略研究在全球范围内逐渐兴起。

1.1.1 产业制造实践的变化

国际上对制造战略领域的研究兴趣有着深层次的产业背景。在企业发展初期，从社会的角度上看，企业制造的目的是为了满足人们不断发展的物质文化需要；从企业的角度上看，企业制造的目的是为了获取利润。因此，企业采取了多种方法来降低产品成本，这一时期企业的产业制造实践也大多是围绕如何降低企业运行的成本来进行的，如福特发明的流水线生产方式，大大降低了企业生产汽车的成本，一举占领了市场并使汽车进入了寻常百姓的生活。而泰勒的科学管理的广泛应用，使企业的生产效率大为提高，企业规模越来越大。随着市场上提供的产品的数量、种类日渐增多，对产品质量的要求也开始产生。因而，在20世纪20年代产生了对制造过程中的产品质量控制的要求，实施了产品质量检验这一制造实践。到20世纪50年代末期，由于市场上的大多数产品已经开始过剩，对产品质量的要求已经越来越引起重视，特别是全面质量管理思想的提出，企业开始实施众多提高制造质量方面的实践，如统计质量控制、控制图、PDCA（计划、执行、检查、处理）质量循环（戴明环）等。

20世纪80年代以后，世界经济高速发展，各种新技术、新工艺、新材料不断涌现，新市场不断开拓，国际竞争加剧，企业在全球市场化的条件下在世界范围内进行战略布局，制造职能的基础性作用得到全面体现。因此，在这一时期，众多的实践和研究人员开始关注制造战略。对制造职能中成本和质量的要求，扩展到了速度、交货、时间、柔性等多个方面，相应的制造实践也反映了这一变化。特别是 20 世纪 90 年代前后产生的众多制造实践，如准时生产（just in time，JIM）、企业资源计划（enterprise resource planning，ERP）、供应链、敏捷制造、精益制造等，甚至是信息技术（information technology，IT）在制造领域的应用，都使企业对制造战略地位和作用的认识不断加强，并对制造实践加以实施。

1.1.2 发达国家对制造业的反思

20 世纪 70~80 年代，日本经济的高速发展给美国经济带来了巨大的压力，而美国政府和企业经过反思之后发现，主要原因一是受"第三次浪潮"的影响，把制造业视为"夕阳产业"，片面强调第三产业的重要性，而忽视了发展制造业对国民经济健康发展的保障作用；二是政府在制造战略上的误导，企业短期行为和经营管理上的失误。这些使美国的制造业严重衰退，逐步丧失了制造业世界霸主的地位，并且贸易赤字加剧，经济空前滑坡。1987 年，美国国防部提出了一份报告。该报告指出，为了重振美国经济雄风，并在 21 世纪全球经济竞争中保持经济霸主的地位，美国必须大力发展制造业。那种认为"信息革命的来临意味着制造业衰退"的看法是不对的，正像工业化没有淘汰农业一样，高科技的知识经济会促使制造业发生革命性的变化，但决不会淘汰制造业，高新技术产业也要制造各种各样的、新的高科技产品。

各发达国家对制造业的发展都极为重视，美国、日本、德国等政府都投入巨额资金帮助企业研究先进的制造技术与管理模式。美国更是将日本制造模式的研究置于国家战略的高度。美国学术界先后出现了研究和传播日本管理模式与制造技术的诸多论著，并以日本制造业为借鉴，提出了创新美国企业管理模式的基本要求，成为 20 世纪 80 年代美国管理学界重要的一笔。

1.1.3 制造战略理论的发展和演进

Skinner 在其 1969 年的文章[2]中认为，制造职能很重要，但常被忽视，人们往往把制造职能看做是技术性的、被动适应性的工作，企业的高层很少参与制造领域的决策，而是将任务交给专家执行；制造职能也很少参与企业的战略决策，只是适应性地执行企业的战略。Skinner 对此提出了自己的看法，他认为在企业的竞争中，制造职能可以发挥更大的作用，企业的制造竞争力同企业的成功有着密切的关系。他列举了三个由于缺乏制造部门的支持而导致企业战略失败的例子。Skinner 指出了造成人们对制造职能作用短视的原因是，大多数高层管理者把制造看做是需要一些技术技能和细微的日常决策与细节的泥潭，所有这一切都处于高层主管的视线和考虑范围之外。

1969 年，Skinner 发现由于企业外部原因（如竞争加剧、市场压力增加等）和企业内部运营、技术进步等因素，在制造过程中广泛使用的大量生产方式已经过时[3]。Skinner 还研究了技术、社会、经济变革对工厂（经济方面、员工方面、管理方面）的影响[4]，认为管理者在运营过程中的行动需要随情景变化而采取相应的措施[5]。Skinner 认为普通的工厂从事许多相互冲突的生产任务，折中又导致竞争力减弱，进而提出了聚焦工厂这一思路[6]。

1986 年，麻省理工学院（Massachusetts Institute of Technology，MIT）的工业生产率委员会研究并提出了以先进技术和强大竞争力为国内制造业夺回制造优势，从而振兴制造业的对策[7]。1988 年，根据美国国会的要求，里海大学的雅柯卡（Iacocca）研究所邀请了国防部、工业界和学术界的代表，建立了以 13 家大公司为核心的、有 100 多家公司参加的联合研究组，最终研究形成了著名的报告——《21 世纪制造企业战略》[8]。

20 世纪 80 年代后期，制造战略研究在全球兴起，最初的研究集中在制造战略概念和制造战略内容（特定环境下的战略、结构、技术，包括竞争优先权、决策领域等）上，然后扩展到制造战略过程（公司应当如何着手开发和实施制造战略）、制造战略与企业战略及其他职能战略的关系、制造战略与企业竞争优势等。Hayes 和 Schmenner 研究了公司基本战略要素、竞争战略的选择、公司应当如何配置制造结构才能适应组织的制造任务并达到管理上的要求，对于产品聚焦和流程聚焦的组织来说更是如此[9]。Wheelwright 研究了制造对企业战略的重要性[10]。Hayes 和 Wheelwright 研究了产品、技术、学习曲线、垂直集成、新的市场等对制造和营销的影响[11]。Sackett 和 Evans 考虑了如何实施计算机辅助过程计划（computer aided process planning，CAPP）以增强企业的制造能力[12]。Waterlow 根据生产/运营管理（production/operation management，P/OM）研究方面的支持项目，分析了制造系统的研究范围和边界[13]。Pegels 介绍了丰田生产系统（看板、准时生产、工作标准化和流程设计、自动缺陷识别、协调生产）及其在美国的应用[14]。Fine 和 Hax 以通用汽车为例，研究了公司战略、经营战略、职能战略与制造战略之间的关系[15]。Voss 研究了先进制造技术（advanced manufacturing technology，AMT）的实施与企业战略目标的关系[16]。Platts 和 Gregory 设计和应用了一个制造战略形成过程的审计系统[17]。Platts 提出了制造战略过程实施的三个阶段：过程创建，小范围应用，推广[18]。Prochno 和 Corrêa 以巴西一个锡罐头制造商为例，给出了制造战略过程开发的具体应用[19]。

在制造战略的研究过程中，各种观点和理论相继产生。例如，Skinner 的权衡（tradeoffs）和聚焦工厂理论（focused factory）；Hayes 和 Wheelwright 的世界级制造（world class manufacturing，WCM）理论[20]和产品-过程矩阵[11, 21]；Kotha 和

Orne 的一般制造战略模型（generic manufacturing strategy）[22]；Miller 和 Roth 的制造战略配置模型[23]。这些观点和理论丰富了制造战略研究，但它们互相之间又存在许多具有争议的地方。有些观点和理论提出后，并未经过企业制造实践的检验。因此，从 20 世纪 80 年代中后期开始，制造战略的实证研究成为这一领域的热点。最初的研究是在美国、日本和欧洲的发达国家展开的[24-30]。随着经济全球化和中国、印度、巴西等国的崛起，制造战略的研究扩展到了发展中国家[19, 31-34]。各种国际性的制造战略研究项目（如全球制造业未来调查，由波士顿大学的 Miller 教授发起，主要研究制造业与竞争优势；全球制造研究，由北卡罗里那大学的 Whybark 教授发起，研究全球范围制造绩效改善；世界级制造项目，由明尼苏达大学的 Schroeder 教授、爱荷华州立大学的 James 和 Barbara Flynn 发起，主要调查世界级制造能力；欧洲制造项目，以伦敦商学院的 Chris Voss 教授为首，调查研究世界级制造项目的应用及其在制造绩效方面的结果），使得全球范围内制造战略理论和实践研究越来越深入。反过来，制造战略领域研究的深入也为这些项目的进一步开展提供了强大的支持，为企业的全球制造竞争提供了强有力的武器。

1.1.4　制造战略要素关系

　　一个产业内的企业为获取竞争优势可以有多种战略可供选择，如低成本、差异化等，反映在企业的制造职能上，体现为相应的竞争优先权，如成本最低、质量优先等。在不同的企业中实施同样的战略不一定能够获得同样的绩效，因为关键的是这些竞争优先权要正确地转换为一系列能够支持特定竞争优先权的一致的决策集[35]。在竞争优先权与决策集内的要素之间必须形成协同一致的关系，互相支持、协同一致方能形成制造竞争能力，这些要素及要素之间的相互关系决定了制造系统的结构和功能。因此，对制造战略要素之间关系的研究在制造战略的研究中占有十分重要的地位。

　　在上述背景下，我们需要/能够研究制造职能在不同时期、不同环境等因素影响下，具有什么样的差异和变化。为了适应经济发展的需求，制造职能又应该如何转变，才能适应企业获得竞争优势的需要。本书将通过对制造战略中战略层次的要素（主要是竞争优先权）和执行层次的要素（主要是制造实践）之间的相互关系进行研究，并对这些要素之间的关系在不同时间、空间等变化下的影响进行分析，寻找制造战略层次的要素与具体实施过程要素之间关系的变化与演进轨迹。

　　竞争优先权之间的关系和制造实践活动的实施与协调始终是制造战略研究的两大主题和核心内容。而制造的战略目标及其与具体行动计划之间如何协同作用，使制造职能真正成为企业竞争的有力武器是制造战略研究和实践中最重要的问题。目前的理论认为，先根据企业外部环境和企业总体战略确定企业制造部门战略层次上的要素（竞争优先权），从而产生需要达到的制造目标，按照制造目标确定企业在制造实践上的选择，最终达到相应的绩效。众多研究人员分析了战略层次的要素和执行层次的要素，以及它们相互之间的关联关系对绩效的影响，解决了在静态条件下制造的战略层次要素与执行层次要素之间的关系问题，但从文献和研究来看，仍然存在以下问题未解决。

（1）制造战略各层次要素的含义在不同时期具有差异，在不同行业的定义较为模糊，在不同地域的理解上也不尽相同，这些要素的内容在不同时期表现形式的变化特征和本质。

（2）制造战略内部各要素之间的相互关系在不同时期的内涵及其表现形式。

（3）在不同地域、规模、经济发展水平等因素条件下，制造战略内部各要素之间关系的差异性及其对企业制造战略运用和实施的影响。

因此，本书期望深入地探讨制造战略内部各要素之间的联系，通过对制造战略要素关系理论的研究和对具有可操作化的制造战略内部各要素的分析，探索制造战略各要素之间关系的变迁与发展历程，寻找制造战略内部各要素之间关系变化的特征和本质，并对不同环境因素影响下的制造战略要素关系模型的变化特征进行研究和分析，深入探讨和发现制造战略要素关系结构的变化。

1.2　制造战略研究现状及其评述

1.2.1　制造战略概念

许多研究者都对制造战略（manufacturing strategy）进行过定义。Skinner 是其中的先驱者，他认为制造战略可以开发制造职能成为竞争性武器[2]。Hayes 和 Wheelwright 定义制造战略为制造职能与经营战略相连的一致决策模式[36]。Hill 认为制造战略代表一种协调方法，它努力达到市场成功的职能能力和政策之间的一致[37]。Swamidass 和 Newell 认为制造战略是有效使用制造优势作为竞争性武器以达到业务和公司目标的一种工具[38]。不同研究者对制造战略的理解如表 1-1 所示。

表 1-1　制造战略的概念

年份	作者	制造战略含义
1969	Skinner[2]	以开发制造职能作为竞争武器
1985	Wheelwright 和 Hayes[36]	随时间变化的一系列决策，使业务单元达到需要的制造结构、基础设施和特定的能力
1985	Fine 和 Hax[15]	一个企业的公司战略和经营战略的重要组成部分，包括一系列良好协调的目标和行动计划，目的在于确保相对于竞争者的长期可持续的优势

续表

年份	作者	制造战略含义
1987	Hill[37]	代表一种协调方法，即努力达到职能能力与政策一致并获得大家认同的，在当前和未来市场上成功所必需的竞争优势
1987	Swamidass 和 Newell[38]	作为竞争性武器制造优势的有效使用，以达到经营目标和公司目标
1994	Hayes 和 Pisano[39]	在如今动态的竞争环境下，一个公司比以前更需要详细描述一种正在市场上寻找的竞争优势种类的战略，并说明如何达到这一优势
1995	Swink 和 Way[40]	制造战略作为决策和计划，影响同有形产品的来源、生产、交付直接相关的资源和政策
1995	Berry 等[41]	企业在流程和基础设施上的投资选择，向特定的市场生产和供应产品
2002	Leung Hau-Nung[42]	制造公司为了达到长期竞争力增长的，有意识的决策
2005	Narasimhan 等[43]	公司制造资源和能力对竞争的动态定位

从这些观点可以总结出，制造战略概念有以下几个方面的含义。

（1）制造战略是企业取得竞争优势的有力武器。

（2）制造战略是有关制造资源获取及配置，产品和服务生产、交付的一系列决策。

（3）制造战略决策包括战略层面和作业层面。

（4）制造战略的一系列决策应该是协调一致的，满足企业战略的要求，提供竞争优势。

制造战略将制造职能同企业的竞争战略联系起来，将企业的制造职能提升到企业战略的层次，同市场战略、财务战略等共同组成企业职能战略体系，完善了企业战略系统。将企业制造系统作为一个整体进行思考，应用系统思想对企业制造资源进行内配置，为制造系统的设计、运行、控制、组织和管理提供了新的思路。这一概念将制造职能与企业竞争力联系在了一起，制造成为企业竞争的有力武器，而不仅仅是一项技术。

制造战略要素通常可以分为两个层次：战略层次和执行层次。战略层次上的要素是指企业的竞争优先权，是制造部门根据企业总体战略和其他职能部门战略的要求，对制造职能提出的相应要求，如期望制造部门能够降低生产成本、提高产品质量、快速和安全地交货等，战略层次反映了企业对制造职能的期望和要求达到的目的。而执行层次上的要素是在确定了企业制造职能领域的战略要求以后，制造部门应当采用的具体措施，是制造部门所采取的一系列的制造行动计划，即相应制造实践的选择和使用。制造的战略层次上的要素与其具体执行计划之间能否协调一致，对企业获取制造竞争优势具有至关重要的影响。

1.2.2　竞争优先权

1. 竞争优先权的内容

Skinner 是第一个观察到公司的制造部门不仅仅能生产和运送产品的，他将制造的目标定义为成本、质量、交货和柔性。之后，制造的目标被精炼为更详细的层次，如柔性被进一步在许多方面定义和测量。Slack 在文献中将制造系统的柔性分为新产品柔性、产品组合柔性、质量柔性、批量柔性、交货柔性[44]，后又将质量柔性去掉[45]。另外，成本、质量、交货也被更多的研究者详细讨论[10, 46-48]。Garvin进一步细化制造目标，将成本分解为购置成本、运营成本和维护成本；质量分解为性能、特征、可信性、与标准的一致性、耐久性、服务可得到性、美观、感知质量（如品牌等）；交货分解为精确性、可靠性、可得到性、速度、信息可达性、交货品质、易订购、订单柔性、运送柔性、易回收；柔性分解为产品柔性（新产品、产品定制、产品修改）、批量柔性（不确定预测、生产陡增）、过程柔性（组合柔性、转换柔性、变更柔性、物料或成分柔性、次序柔性）。Garvin 增加了服务（分解为客户支持、销售支持、问题解决、信息）这一项[49]，并称之为竞争优先权。某些研究者甚至把创新也算了进来[50]。Orr 对此进行了总结，如表 1-2 所示。

表 1-2　文献和研究中识别的竞争优先权

年份	作者	成本	质量	可靠性	柔性	创新/特色	速度/响应	服务	市场范围
1969	Skinner	√	√	√	√				
1990	Roth 和 Miller	√	√	√	√				√
1991	De Meyer 和 Ferdows		√	√		√			
1992	Corbett	√		√	√	√	√	√	
1992	Kim 和 Arnold	√	√	√	√				
1992	Tunälv	√	√	√	√				
1993	Kim 和 Lee	√	√	√	√				
1993	Garvin	√	√	√	√				
1993	Samson 和 Sohal	√	√	√	√	√		√	
1993	Sweeney		√		√	√	√		√
1994	Minor 等	√	√	√	√	√	√	√	
1995	Orr	√	√	√	√		√		√
1995	Swink 和 Way	√	√	√	√		√		

资料来源：文献[51]

虽然多数研究人员都使用了竞争优先权这一概念，但也有人使用不同的描述方式。

一些研究者基于 Prahalad 和 Hamel 的核心能力概念[52]，认为业务单元的可持续竞争优势来源于建构的核心能力或核心竞争力，称之为竞争能力。一个公司拥有的，如成本、质量、柔性和交货绩效等，能力是能够通过时间，在能力建构项目上的连续投资进行积累的战略性资产储备，不能容易地被模仿或通过贸易获取，也不能被很好地替代[53]。因此，制造战略的内容包括对业务单元最有用的制造能力集的选择和建构这些能力集所需要的投资，制造能力被认为是最好的战略资产储备。Roth 和 van der Velde 参考竞争优先权和竞争能力概念，将其区分为意图能力（intended）和实现能力（realized）[54]。Hill 认为在每一个市场上，公司应该识别与竞争者相比赢得订单的准则，他的订单赢得准则（order-winning criteria）包括价格、交货、质量、产品设计和多样性。Hill 还认为尽管公司赢得订单是基于特定准则，但这并不意味着其他准则是不重要的，他提出了资格准则的思想（order-qualifying criteria），即公司在某一市场上即使他们不能赢得订单也必须满足的绩效准则。他还相应提出了识别订单赢得和订单资格准则的标准[55]。New 则借鉴 Herzberg 的双因素理论，提出了竞争优势因素（competitive-edge Factors）和市场保健因素（market hygiene factors）[56]。市场保健因素允许你参与博弈，但不能使你赢得订单——如果不能满足各种市场保健因素，就会令你很快失去订单；竞争优势因素则是能够在市场上参与竞争的一些准则。

2. 竞争优先权之间的权衡关系

竞争优先权之间权衡的分析是制造战略研究的关键问题[57]。Skinner 在 1969 年的开创性文章中认为，企业由于无法同时在多种目标任务上取得优秀，而不得不采取折中或权衡。反映到制造上也是如此，对制造来说，成本、时间、质量、技术约束和客户满意等都限制了管理者能够采取的措施，迫使人们折中并需要清楚地识别众多的权衡和选择[2]。Skinner 进一步提出了聚焦工厂（focused factory）的概念，他的基本观点是：①除低成本外，还有许多竞争方式；②一个工厂无法在所有方面都做得很好；③简单和重复孕育着竞争力。

他还提出了实现聚焦式工厂的形式——厂中厂（plant within a plant，PWP），即将现有的工厂重组为在组织和设施上完全独立的几个厂中厂，每个厂中厂在设施、制造任务、劳动力管理、生产控制、组织结构等方面是独特的。每个厂中厂通过专注于自身的工作而获得经验，以形成独特的竞争力。

Hayes 和 Wheelwright 随后也强调，在一个产业中不同的公司或业务单元着重于不同的竞争优先权，进而建立其自己独有的战略侧重点。他们明确地反对追求多种竞争优先权，他们建议公司在不同维度之间将精力放在明确的优先权集上，这些优先权经过时间检验，得到资源分配、奖励、竞争侧重、研发等不同决策方面的支持[20]。

竞争优先权之间权衡的思想在波特的名著中得到回应，波特把企业的竞争优先权分为成本领先和差异化战略。他提到试图同时追求所有竞争优先权的公司会被"夹在中间"[58]。Kotha 和 Orne 将这种混合方法的不成功归结为两个原因[22]：一是企业同时追求多种竞争优先权，缺乏关键聚焦，既没有有效的成本降低也没有差异化地产生足够吸引力的优惠价格；二是采用混合方法的企业，定位在产业的中间，紧挨着在产品和流程特征上有优势的竞争者。

但是，Wheelwright 怀疑波特的说法，认为许多日本管理者寻求同时改善质量和降低成本的方法都取得了成功[59]。随着 20 世纪 80 年代日本制造公司对全面质量管理（total quality management，TQM）准时生产（just in time，JIT）等生产哲学的应用，日本企业在质量、成本、交货等方面都取得了世界领先的水平，日本企业的制造实践也被认为是世界级的。由于日本企业在全球市场上的突出表现，使西方国家的企业和研究者对之在识别、适应和采用上不断关注，Wheelwright 的观点得到了众多研究人员的响应和赞同。

上述两种对比强烈的思想在 20 世纪 90 年代激起了对制造中权衡有效性的争论。20 世纪 90 年代以后，制造权衡的研究主要集中在对权衡这一概念的实证检验。一些研究运用制造公司竞争优先权之间的相关分析来确定，如成本与质量、速度与柔性的权衡是否真的存在[60, 61]。尽管结果不同，但他们丰富了制造权衡本质和影响的有关知识。

因此，Silveira 将权衡研究的历史划分为了三个阶段[57]。早期的制造战略研究认为，权衡是对竞争力的一种约束，权衡迫使制造运营的目标和任务集中于很小的范围内。例如，Miller 认为每一个工厂都有一个特定的任务，如低单位成本或高质量。管理的角色是建立合适的设施、基础设施和劳动力，以完成这一使命。

而 20 世纪 80 年代和 20 世纪 90 年代的研究挑战了权衡的传统观点，人们从似乎在不同竞争优先权领域同时比竞争者做得更好的公司中找到证据。"世界级制造"学派认为竞争优先权之间没有权衡但存在互补，该派的主要代表人物 Schonberger 认为，权衡是一种荒诞不经的说法——JIT 和 TQM 原理的应用允许制造商在所有绩效领域，如柔性、质量、交货和成本上做到良好。而沃麦克等在《改变世界的机器》一书中提供了一个合适的例子，指出丰田公司由于快速换模（single minute exchange of die，SMED）技术、劳资关系的顺利解决和采取新的激励方式，同时在质量和成本方面具有了优于竞争者的能力[62]。

20 世纪 90 年代后的权衡研究可分为两个分支。一是，一系列的实证研究分析了竞争优先权之间的相互关系以调查何种权衡为真，但相互之间的结果并不相同。综合起来考虑，实证研究表明，权衡随制造战略和组织方面（如所属国家、竞争优先权和能力）而变化。二是，基于概念和案例研究探寻运营中的权衡本质和来源。研究人员对理解制造关系上的权衡做出了至少三个主要的贡献。

首先，研究者指出权衡是动态的，从认知上权衡是确实存在的，但在运营上可以加以改进[56]。Silveira 和 Slack 描绘了以权衡为基础的，对一个枢轴转动（pivot）模型进行改进的思想[63]：在运营资源和能力上的投资提升了，枢轴就可以同时提升两个或更多的绩效变量。这一方法正好与 Skinner 提出的权衡之间的函数关系形成对比，见图 1-1。

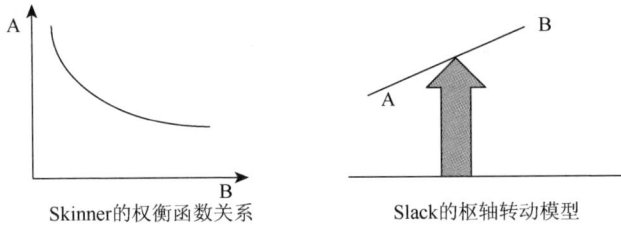

図 1-1　两种权衡模型

其次，权衡的改进需要一系列改进活动持续、协同地实施。Ferdows 和 De Meyer 提出了沙锥（sandcone）或累积能力模型，指出了建立能力和消除权衡的顺序：由建立强有力的高质量运营基础开始，随后开发可靠性、柔性，最后是成本上的能力，并且每一种能力的开发过程永不停息[64]。通过在特定顺序上的探寻，竞争优先权能相互增强而不仅仅是权衡。Hayes 和 Pisano 强调改进轨迹的角色使不同绩效维度下的可持续改进成为可能[65]。Clark 也认为公司引入 JIT、TQM、持续改进、可制造性设计、同步工程等获得了在质量、可靠性、柔性、成本上的益处，但制造管理仍必须不断地建立能力以获得和维持竞争优势[66]。因此，处理权衡不仅需要建立资源和能力，而且应将单个活动的改进加入长期改进轨迹中。

最后，是自下而上的（bottom-up）能力构建和自顶向下的（top-down）战略-运营匹配这两种制造战略方法的调和。对于权衡也许不仅是要增强，在某些时候，通过对制造战略中竞争优先权的简单重新定位也许已经足够[63]，重新定位反映了传统权衡在不同的竞争优先权和任务下选择的方法。

1.2.3　制造实践

对企业制造战略执行层次的研究经过了两个阶段，20 世纪 60～70 年代着眼于对所采用的制造实践大类进行研究，主要分析为了达到相应的制造目标，企业在制造领域所采取的决策。而在 20 世纪 80 年代中后期以后，由于日本和德国在世界制造业的崛起，以及实证研究的需要，研究者转向了讨论企业实施的具体实践活动，如 TQM、物资需求计划（material requirement plannig，MRP）、JIT 等。

1. 制造决策领域

制造目标要通过一系列决策领域（decision area）中的行动模式来完成。Skinner 认为制造战略的关键决策领域包括工厂设施、生产计划与控制、人力资源、产品设计与工程、组织与管理[2]。Hayes 和 Wheelwright 增加了过程和基础设施[21]。Hill 对制造战略的关键决策领域进行了进一步研究，他定义了两类关键决策领域：结构（structural）决策和基础（infrastructural）决策[37]。他认为结构化问题和基础设施问题是制造战略的两个支柱，结构化问题规定了运营中的过程和技术；而基础设施通过在人力资源政策、质量系统、组织文化和信息技术方面的持续改进提供了长期竞争优势。基础设施问题关系到组织长期的目标并对结构化问题提供支持。基础设施问题的开发需要通过持久、日复一日的使用和高层管理人员的承诺及所有层次的协力，这些努力是一种无形的，并且应在一段时期坚持进行。基础设施问题随着结构化问题的有效使用引领一个公司朝制造卓越的方向前进。不同的学者对结构性因素和基础性因素提出了各自的观点，具体见表 1-3。

表 1-3　制造战略决策领域

作者	年份	结构决策	基础决策
Skinner	1969	工厂和设备	生产计划和控制、产品设计工程、劳动力和人员、组织和管理
Wheelwright	1981	能力、设施、垂直集成、生产过程	劳动力、质量、生产计划和控制
Fine 和 Hax	1985	能力、设施、技术和流程、垂直集成	质量管理、制造基础设施、新产品范围、人力资源、客户关系
Hayes 等	1988	能力、设施、技术、垂直集成	质量、新产品开发、生产计划、劳动力，绩效测量和奖励、组织、绩效测量
Hill	1989	能力、流程、流程配置	质量保证和控制、制造计划控制系统目录、工作结构、支付系统、办公过程、组织结构、制造系统、工程职能支持
Platts	1990	能力、设施、流程跨度、流程和技术	质量、控制策略、新产品、人力资源、供应商
Schroeder 和 Lahr	1990	工厂能力、工厂位置、流程技术、自制或购买	质量保证、生产和及时库存控制、新产品引入、人员管理、供应商、制造组织、信息系统
Tunälv	1992	能力、设施、技术、垂直集成	劳动力、质量、生产计划与控制、组织
Orr	1995	能力、设施、技术和流程、垂直集成	劳动力、质量控制/保证、生产计划与控制、组织、产品设计

资料来源：文献[2]，文献[15]，文献[18]，文献[51]

这些决策领域的研究从 20 世纪 70 年代到 20 世纪 80 年代初的结构化或战略的硬的方面，如厂址、规模和制造过程选择，转向了基础设施或软的方面，如组织、绩效测量、管理模式。早期许多研究者更多关注于单个决策领域，如 Hayes 和 Schmenner 考虑了基于产品或流程的工厂组织[9]，而后期主要研究决策领域之间的相互作用，如 Berry 和 Hill 研究了制造过程和制造控制系统之间的关系[67]；Kinnie 和 Staughton 研究了人力资源管理对制造控制系统实施的影响[68]。

2. 最佳实践与世界级制造

在 20 世纪 80 年代中后期，由于日本和德国公司在全球市场上的卓越表现，研究者开始关注其采用的制造实践。人们研究和总结的制造实践包括制造资源计划（manufacturing resource planning，MRP II）、最优生产技术（optimized production technology，OPT）、柔性制造系统（flexible manufacture system，FMS）、成组技术（group technology，GT）、TQM、JIT、精益生产（lean production，LP）和并行工程（coucurrent engineering，CE）等，并将这些称为最佳实践。Hayes 和 Wheelwright 则使用了"世界级制造"这一概念，描述将制造能力作为战略性武器使用而获得全球竞争优势的组织[21]。"世界级"一词的使用是因为这些公司在全球产业上有突出的（世界级的）绩效。Hayes 和 Wheelwright 发现在这些极为成功的公司之间有许多共同之处，他们认为建立竞争优势的关键是关于六个方面的世界级的制造实践：劳动技能和能力、管理技术能力、通过质量竞争、员工参与、重建制造工程、增长的改进方法。他们指出，美国正是忽视了这些实践的创新与应用，才会在制造业的许多领域失去竞争优势；美国若想重新夺回其制造业的优势，企业必须大力推广应用上述优秀实践。Schonberger 于 1986 年在其书 *World Class Manufacturing* 中用奥林匹克精神（更快、更高、更强）来解释"世界级"的含义，并将世界级术语解释为"持续、快速改进"，"通过应用 JIT/TQM 等实践活动，你的企业也会加入到光荣的'世界级'行列中来"[69]，其原因是随着世界级实践的采用，企业绩效也会相应得到提高。在 Hayes、Wheelwright 和 Schonberger 的开创性工作之后，许多人开始扩展和检验他们的定义，并从不同角度发展和完善世界级制造理论。

Schonberger 总结了 19 条世界级制造的准则，包括综合（3 条）、设计与组织（3 条）、运营（3 条）、人力资源开发（2 条）、质量与问题解决（3 条）、会计和控制（1 条）、能力（3 条）、营销（1 条）[69]。Flynn 等则基于 Hayes、Wheelwright 和 Schonberger 的工作，对世界级制造进行了实证研究，实施了世界级制造调查项目，其研究对象包括美国、日本、意大利、英国和德国企业的制造实践[70, 71]。沃麦克等通过定义精益生产对世界级进行了量化，即"一切投入都大为减少——工厂中的劳动力、生产占用的场地和工装投资都减半，用一半时间就能开发出新的产品，其所用的工程设计工时也是一半。同时，现场所需存货还可以大大少于一半，极少量的废品，且能生产出更多并不断变型的产品"[62]。Harrison 给出了对一家实行细胞制造工厂（cellular manufacturing）的四个制造单元进行改进的分析实例[72]。Milling 等用世界级制造项目数据采用多元回归和聚类分析方法分析了聚焦于一到多个制造目标（成本、创新、柔性、质量、及时交货、快速交货）与工厂绩效之间的关系[73]。Yamashina 讨论了全面生产维护（total production maintenance，TPM）在 TQM 和 JIT 中的角色，以及文化和组织结构对 TPM 的影响，认为 TPM 的成功实施和创建有活力的组织是走向世界级制造的第一步[74]。Saxena 和 Sahay 调查和识别了印度制造公司走向世界级制造商需要注意的重要问题，特别是信息技术（information technology，IT）的使用范围、使用程度，以及基于 IT 的信息系统集成。他们发现大多数公司的信息管理系统都是零碎的（fragmented），不能给其客户提供更高的价值和引导其达到世界级状态，他们认为这些公司不应当仅仅将引入 IT 作为常规运营活动的自动化手段[75]。Voss 和 Blackmon 认为评价世界级实践和绩效的六个关键准则是：组织及文化、物流、制造系统、精益生产、并行工程和全面质量。他们比较了英国和德国公司的制造实践，特别是母公司所属国家（parent company origin）对企业制造实践和绩效关系的影响[76]。Mefford 和 Bruun 讨论了世界级生产方法和技术转移到发展中国家公司的战略理由，并强调了技术转移管理方面的重要性，提出了一个五阶段生产技术选择模型，即工厂战略选择、生产过程选择、生产系统选择、运营方法选择和人力资源政策选择[77]。Hanson 和 Voss 对欧洲国家，如英国、德国、荷兰、芬兰企业标杆法（benchmarking）的应用与绩效之间的关系进行了分析比较[78]。Davies 和 Kochhar 把最佳实践定义为，帮助企业将绩效改进到更高层次的实践活动，认为最佳实践是情景特定的，并应对企业综合绩效的改进而不是某一方面绩效的改进来评价最佳实践[79]。Morita 和 Flynn 通过对日本 46 家企业的最佳实践调查（共53 类 250 项调查项目），发现了最佳实践与绩效之间呈正相关[80]关系。

　　Hayes 和 Wheelwright 在世界级制造方面的工作对运营战略的重要性，体现在以下几方面[20]。其一，Hayes 和 Wheelwright 首先使用了世界级制造，为众多后继研究打下了基础。其二，Hayes 和 Wheelwright 把世界级制造描述为一系列实践，意味着最佳实践的使用能够导致更高的绩效，这种基于实践方法的世界级制造得到了许多研究者的赞同。其三，建立在 Skinner 的早期工作之上，Hayes 和 Wheelwright 首先从运营管理方面提出在制造绩效上如何权衡与协同。他们对这一问题做出了巨大的贡献，认为在竞争性绩效的维度之间有清晰的优先权集合是重要的，因为尽力在多个维度同时达到更高的绩效有潜在的危险。

1.2.4　竞争优先权与制造实践之间的关系

　　Skinner 在其 1969 年的开创性文章中分析了制造战略要素之间的关系，提出了制造战略的一种自上而下的方法：从公司的竞争战略开始，然后定义支持公司战略的制造任务，制造任务进而再定义制造角色[2]。他认为这种方法不同于泰勒以来大量生产时代所使用的方法。大量生产的做法是：选择一种运营，分解为部分，分析并改进每一部分，再将之重新组合在一起。他还认为只有在基本的制造政策被定义好以后，技术专家、工业工程师、制造工程师、劳资关系专家和计算机专业人员才能得到做他们的工作所必需的指导。

Hill 分析制造战略的内部关系并提出了一个制造战略过程模型[37]。Hill 的制造战略过程模型是制造战略理论模型的经典之作，给出了从确定制造系统的目标功能到进行过程决策和基础性决策的决策框架，识别了公司目标与市场战略之间的关系，认为市场战略与订单赢得标准之间的关系是制造战略外部问题。Hill 认为市场战略根据企业目标而设定，订单赢得标准又根据市场战略而设定，订单赢得标准规定了制造系统的目标功能。订单赢得是公司市场要求、承诺及支持他们的制造流程、基础设施之间的关键链接。

Wheelwright 构建了一个关于竞争优先权与制造决策领域概念性的制造战略框架[81]，如图 1-2 所示。

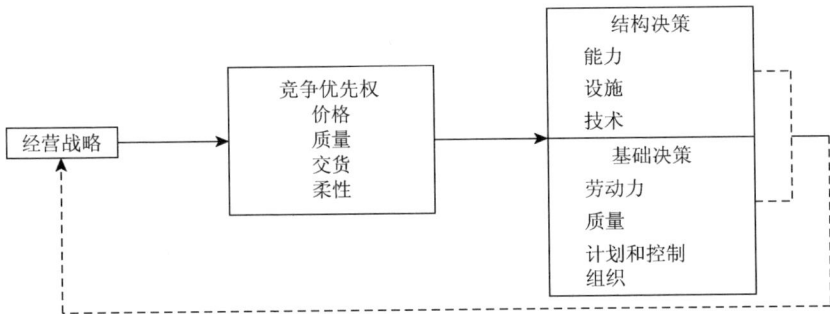

图 1-2　Wheelwright 的制造战略框架

Swamidass 和 Newell 基于产业组织、市场营销和管理行为的文献提出了一个环境—制造战略—企业绩效路径分析模型，并利用 35 家制造公司的数据进行了实证分析[38]。但其模型较为简单，在制造战略的变量中仅考虑了柔性（内容变量）和战略决策中制造经理的角色（过程变量）。

Kim 和 Arnold 构造了一个关于制造竞争力的研究框架（图 1-3），分析了制造竞争力与企业绩效的关系，并利用制造业未来调查（manufacturing future survey, MFS）项目 1990 年的数据进行了实证分析[82]。其分析中使用了竞争能力（competitive capabilities）的重要性和相对优势来构造制造竞争力指数（manufacturing competence index），用回归分析考查了几个企业绩效指标，资产收益率（return on assets）、利润率（profit ratio）、增长率（growth rate）、市场份额（market share）与制造竞争力指数的关系及行业对这种关系的影响。

Kim 和 Arnold 在后来的另一篇文献中，基于 Wheelwright 的制造战略框架提出了另外一个制造战略模型[83]，如图 1-4 所示。

Kim 和 Arnold 的两个模型对企业战略与制造战略的关系、制造战略内部要素构成及要素之间的关系进行了初步的界定和分析，为以后类似的研究奠定了良好的基础。

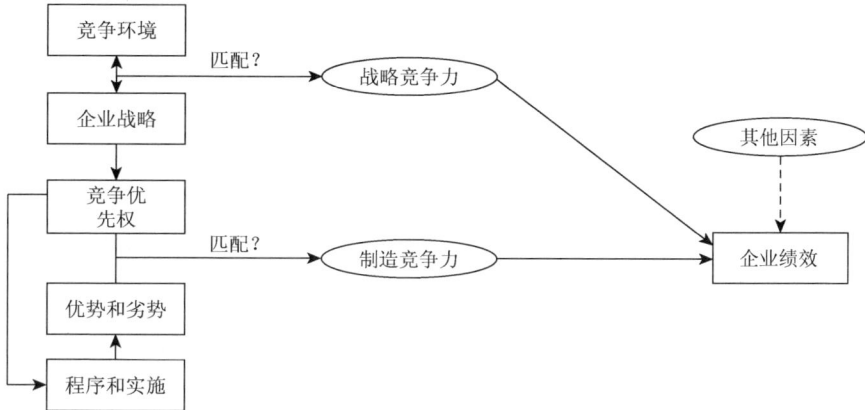

图 1-3　Kim 和 Arnold 制造竞争力的研究框架

---- 表示较小的间接影响

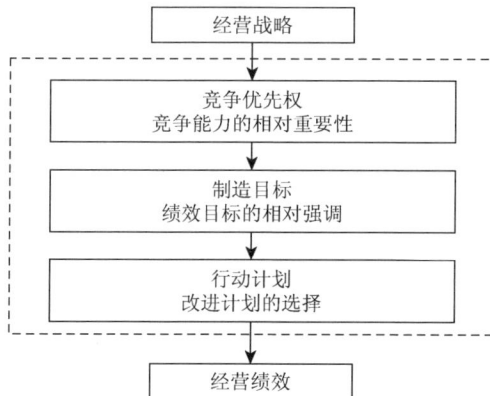

图 1-4　Kim 和 Arnold 的制造战略过程模型

Ward 等建立了一个企业环境、运营战略和运营绩效之间关系的路径分析模型[84]。他们的模型中企业环境方面考虑了经营成本、劳动力可得到性、竞争对抗程度、环境动态性；运营战略方面考虑了竞争优先权的几个方面，如低成本、质量、柔性和交货表现；而运营绩效方面考虑了收益率（与利润、固定资产和员工数有关）。

上述几个模型中都是以企业绩效/经营绩效来考虑制造部门对它的影响，但是企业绩效除了受到制造的影响外，还与市场营销、研发及外部环境相关，仅考虑制造职能对企业绩效的影响显然是不够的。因此，Bozarth 讨论了 Skinner 的制造聚焦与制造绩效的关系，他关于制造绩效方面的维度有：产品质量、交货速度、成本、交货可靠性、批量柔性、产品柔性及这几个方面的综合[85]。Boo-Ho Rho 和 Yung-Mok Yu 则建立了一个制造实践和制造绩效之间关系的结构方程模型，用五个外生制造实践结构（设计和工程变革、生产计划、物料管理、过程和过程技术、质量）和两个内生制造绩效结构（提前期和生产率）之间的结构关系模型，对韩国和日本的大型制造企业进行了分析比较[86]。

1.2.5　国内制造战略研究现状

总体上来说，我国在制造战略方面的研究尚未有效开展起来，制造部门对企业的重要性仍然未得到企业高层的重视。无论对于学术界，还是企业界，从战略的角度思考制造问题，还是一个较陌生的课题。

石涌江对美国和日本 20 世纪 80 年代以来制造系统变化情况的分析中，考虑了制造战略对企业的重要性，认为我国企业在从计划经济下的生产型转变为经营型的企业模式中"矫枉过正"，企业制造系统不仅是技术问题还需要随新的形势而采用新的方法[87]。他将制造战略的概念首次引入中国，认为制造战略是我国制造系统现代化不可缺少的环节。他把制造战略的研究分为两大分枝，即竞争理论和发展理论，认为这两种理论"互相联系，分别从结构与运作两方面实现对生产系统竞争素质的造就与保持"[88]。"竞争理论强调结构上的调整以迅速、有效地满足产品的直接要求；而发展理论则更专注于系统运行的微调，试图以水滴石穿的长期不懈的努力来实现系统功能的全面改善。我国的生产系统应更多地根据战略竞争理论，致力于强化优势和自身特点"[89]。

徐学军认为国内无论在学术界还是企业界，从战略角度考虑生产问题远未引起足够重视。徐学军从五个方面，即制造战略的过程、内容、绩效、一致性和实施，对制造战略的研究状况做了评述[90]，认为制造战略的研究尚未像企业经营战略那样建立起相对成熟的理论基础，一些基本的理论问题，如战略计划方法、绩效指标设计没有得到解决，并指出了目前研究的不足和亟待解决的问题。但由于对资料掌握的不足，加上当时制造战略研究的限制，徐学军并没有提出我国制造战略研究和实践的方向，对国外制造战略发展的趋势也没有做详细的分析。

蒋晓枫、戴昌钧等较早地参与了国际性的制造业研究项目——全球制造业未来调查（global manufacturing future survey）[91-95]。他们作为制造业未来调查项目在中国的合作伙伴，于 1998 年调查了上海附近地区的一些较典型的国内大中型企业，并对中国企业和日本企业制造战略的异同进行了比较；对美国、日本、欧洲国家与韩国、澳大利亚、中国台湾、墨西哥这两类发展程度的经济进行了对比；对美国、日本、西欧国家和韩国制造战略采用、竞争优先权和制造实践进行了比较。

黄卫伟举了一个国内企业实行"聚焦工厂"成功的例子[96]。张曙则着眼于制造战略中的技术系统和制造行业的发展战略[97-100]。程发新、廖春良等研究了我国制造战略研究的必要性和重要性[101, 102]，以邮寄方式调查了国内制造企业管理人员参与企业战略的制定和企业竞争能力及其绩效之间的关系，结果显示二者之间具有显著的正相关关系，即制造部门管理人员参与企业战略的制定能够获得竞争能力并使绩效得到提高[103]。他们以一个公司为例对企业的竞争优先权进行了具体分析[104]。张慧颖等在调查天津、珠三角和香港的基础上，将不同地区的企业按竞争优先权分为三类——表现好、表现中等、表现差，并对之进行了对比[105]。倪文斌、王凤霞和田也壮等基于 IMSS 数据库，研究了中国和日本在制造战略上的差异[106]，对制造战略的概念、研究领域进行了总结，分析了制造战略研究和实践中存在的问题，结合战略管理研究的趋势和企业竞争新的特点，提出了制造战略研究的趋势[107]。他们还对中美制造企业的制造目标和制造技术应用的情况进行了比较，并提出了相应的中国制造企业战略选择的对策[108]。徐国华和杨东涛基于企业资源观提出了一个界定竞争优先权角色的分析框架，并利用该框架分析了一个实例[109]。杨东涛和陈社育对制造战略调查表指标体系的设计和信度、效度进行了分析[110]。孙怀平、杨东涛和宋联可从与企业其他战略关系角度把制造战略分为三种基本理论模式：制造战略普遍观、制造战略权变观和制造战略系统观[111]。魏江茹和杨东涛对制造战略概念界定、研究方法和研究内容的主要文献进行了回顾[112]。

倪文斌鉴于前面 Kim 和 Arnold 的制造战略模型中仅考虑经营绩效的不足，将其模型中增加了制造绩效[113]，将制造绩效与企业绩效区分开来，如图 1-5 所示。

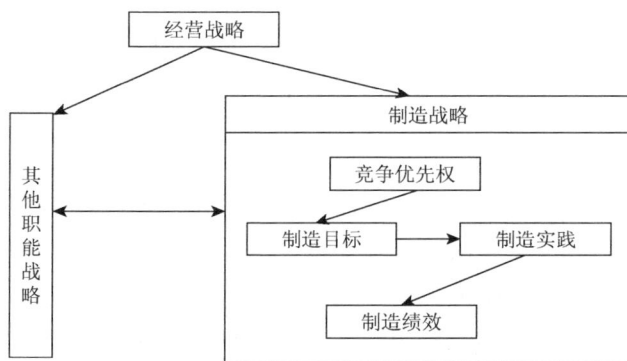

图 1-5　制造战略内部一致性理论基本框图

图 1-5 中竞争优先权(competitive priorities)、制造目标(manufacturing objectives)、制造实践（manufacturing practices）和制造绩效（manufacturing performance）之间的关系组成了制造战略内部一致性关系。竞争优先权是企业的竞争手段，反映了企业战略对制造系统的要求；制造目标是将竞争优先权转化为制造系统结构的中间变量，是制造系统具体改进的目标要求；制造实践是企业对制造系统进行的投资和做法，包括众多的制造改进计划；制造绩效是制造系统功能实现的结果，是制造系统运行好坏的体现，它又直接对企业的运营绩效产生影响。

1.2.6　国内外研究现状评述

虽然制造战略的研究自 1969 年 Skinner 提出相关概念以来，已经经历了 30 多年，在制造战略的内容、过程，制造战略与企业总体战略、制造战略与其他职能战略、制造战略内容要素之间的关系等诸多方面已经初具形态，但是同企业战略、组织理论、市场营销等领域的研究相比，还很不成熟，有待进一步完善。制造战略在研究方法、要素关系、研究范围、理论假设、实证验证等方面存在较大的完善空间，制造战略的理论研究和企业制造实践之间还有较大的距离，特别是制造战略在时间维度上的稳定性和鲁棒性、不同制造战略类型之间的转化与演变、制造战略在发展中国家和经济转轨国家（如中国、印度、俄罗斯、东欧国家）的应用等还需要进行深入研究[26, 40, 114-116]。具体体现在以下几个方面。

（1）制造战略内部要素及其相互关系的动态变化。包括竞争优先权的内容及其测量、竞争优先权之间的权衡关系及其本质；制造实践的内容、测量及相互之间的关系；制造战略内部要素的内涵、要素之间的关系及其动态性；在不同环境下的特征、不同经济发展水平和不同时点下制造实践的变化趋势等。

（2）制造的战略层次要素与执行层次要素之间关系及其动态特性。在企业发展过程中，随着其面临的内部资源及外部目标、环境、对象等的变化，制造的战略层次要素与执行层次要素之间的关系也在不断变化，研究者需要对这种变化的动态本质进行分析，以便能够更利于企业的制造战略开发和更新，增强企业的制造竞争能力。

（3）制造战略要素关系的动态特征和不同制造战略配置下制造的战略层次要素与实践要素之间的关系。制造战略要素之间的关系在不同历史时期具有不同的表现形式。制造战略要素结构与环境及企业战略变化的关系，企业应该如何建立适应符合自己要求的要素关系结构，企业如何从一种制造战略要素关系结构转移到另一种制造战略要素关系结构，制造的战略层次要素与实践要素之间在不同制造战略要素关系结构下的动态关系，制造战略要素关系结构与经济发展水平是否具有关联、有什么样的关联，以及如何利用这一关系指导企业制造战略的开发、实施、更新和进化。

1.3　本书主要研究内容

本书基于制造战略领域理论和实践的发展，结合 IMSS 国家调查数据，主要有以下研究内容。

（1）制造战略要素关系结构模型的提出。通过对制造战略理论及其发展过

程的分析和研究，提出制造战略要素关系结构模型，并对制造战略要素关系模型
的发展和变化过程进行探索。

（2）分析制造战略各要素的发展、演变历程，以及要素变化的基本特征和趋
势。在企业出现的早期，产品只要能够制造出来，达到基本的产品性能要求，产
品就能销售出去，因此这时的要素关系最为简单。随着经济的发展，从泰勒的科
学管理到福特的流水线，产品市场逐步从卖方市场转为买方市场，对制造部门的
要求也相应提高，要素关系也相应发生了变化。而第二次世界大战后，国际市场
的发展和各种新的制造思想、方法的产生和运用，使得制造部门产生了巨大变化。
因此，分析制造战略要素关系模型结构的变化，可以更加充分地把握制造职能的
演变规律。

（3）以 IMSS 数据库为依托，结合经济形势的变化情况，定量分析 20 世纪 90
年代以来，制造战略要素关系结构模型的变化特征及其内在关系。IMSS 数据库是
由国际著名的运营管理专家开发的一套国际制造战略调查问卷。自 1992 年以来已
经调查了几次全球制造企业对其制造战略的认识和实践活动，其数据来源经过各
国的制造战略领域专家的收集和整理，可靠和可信程度较高，用来进行模型的定
量分析，寻找由于经济发展和文化背景等不同原因下模型的内在关系和变化特征，
特别是进行以前文献中所缺乏的纵向分析，可以弥补制造战略研究中的这一不足，
为国际制造战略的研究提供新的支持和证据。

（4）对 IMSS 数据进行更进一步的分析，对结果深入探讨，寻找制造战略要
素关系变化的原因和趋势。制造战略要素关系的发展与文化背景、企业规模、经
济发展水平等因素的关系，可以通过对数据的分析与其他研究人员的结果共同对
比之后得出一些有用的结论。

（5）中国制造企业要素关系结构特征。随着中国制造在全球范围的兴起，中
国制造企业大而不强的问题非常突出，本书基于国际数据的比较，力争找出中国
制造企业问题所在。

（6）世界级制造理论及其主要研究成果。国外成功制造企业的共同特征表明
实施世界级制造的重要性，本书对此做一简要介绍。

第 2 章　制造战略主要研究领域

2.1　制造战略内容和过程研究

2.1.1　制造战略内容研究

制造战略内容研究包括竞争优先权和决策领域[50]。

竞争优先权的研究参见 1.2.2 节的"竞争优先权的内容"部分。

决策领域的研究参见 1.2.3 节的"制造决策领域"部分。

2.1.2　制造战略过程研究

过程宽泛地被定义为一种制造战略开发的模式[115]，制造战略过程研究方面包括制造战略的设计、开发和实施。许多研究者强调制造战略的过程方法[14, 34, 83]。Skinner 认为制造战略是一个自上而下的过程，即企业战略决定制造任务，制造任务又决定制造系统的设计和运行[1]。Hill 开发了一个制造战略框架并提出了一个制造战略的逐步开发过程：定义公司目标；确定满足这些目标的市场战略；评价相对于竞争者，产品怎样赢得订单；建立最合适的制造这些产品的模式——过程选择；提供支持生产的制造基础设施[43]。Platts 提出了一个基于审计的制造战略开发方法[17]，他描述了一个三阶段制造战略设计方法，这三个阶段是：创建过程、在小公司中测试和精炼、通过调研探索后更广范围的应用。Gilgeous 讨论了制造能力的优势（如技术、能力等）及劣势（如在制造和市场目标之间缺乏适应性）[117]。Mills，Platts 和 Gregory 给出了一个设计制造战略的详细框架，他们还描述了三阶段的设计过程，即对当前战略的审计、一系列行动计划的制订和行动计划的实施[118]。Anderson，Schroeder 和 Cleveland 分析了来自制造经理的经验数据并提出了一个制造战略开发和实施的方法[119]。

2.2　制造战略权衡研究

在对权衡的相关研究中，最早是由 Skinner 提出的两个概念[3]：聚焦工厂（Focused Factory）和集中制造（Focused Manufacturing）。聚焦工厂的思想是源于任何一个组织不可能把所有事情都做得很好，只能在一种能力上做到最好或者最多包含一些兼容性的能力。集中制造则是指企业需要让生产设备集中于特定的地点进行制造，而整个组织对在不同地点拥有的竞争优先权进行权衡，这种权衡可以给制造战略带来最大的支持。

其他研究人员在 Skinner 的权衡基础上进行了更进一步的研究，在前文 1.2.2 节中已详细介绍，此处不再叙述。

2.3　最佳实践与世界级制造

随着日本和德国 20 世纪 80 年代在制造业领域的巨大成功，日本和德国企业采用的许多制造实践成为了其他国家企业的标杆（benchmarking）。最佳实践被认为是"能够引导公司到更高的绩效"[79]。人们识别出来的最佳实践包括 TQM、JIT、分散决策（decentralized decision making）、跨职能团队、管理信息系统等。[80]研究发现，采用了最佳实践的公司大多能够改善其制造领域的绩效[79]。

由于最佳实践的运用可以获得"最好的"绩效，Hayes 和 Wheelwright 提出"世界级制造"这一概念，Schonberger 采用了这一术语。世界级制造通常包括下面几个方面：①战略计划的正式推进（thrust）；②与所有股东对战略的沟通；③长期导向；④制造的战略角色；⑤通过 TQM 的持续改进；⑥供应商-客户集成；⑦在人力资源开发上的战略性关注。

2.4　制造战略构形研究

企业战略构形（configuration）研究模型可以说由来已久并影响深远。我们熟知的例子有：Woodward 对英国 100 家小型企业调查识别的三种技术类型，即单件生产、大量生产和连续生产；Miles 等在 1978 年识别的四种战略类型，即防御者、探索者、分析者和反应者[120]；波特的一般竞争战略模型。Meyer 等将企业战略构形描述为通常一起出现的、任何多维的、在概念上不同特征的群体，众多的环境、产业、技术、战略、结构、流程、实践和结果等维度被聚焦成为构形、原型或完整的结构[121]。构形模型的各种不同特征可以描述组织、战略或流程类型的多维剖面（multidimensional profiles）[122]。

构形观点认为组织是由多种的、相互依赖的特征综合而成的。当研究目标是确定组织的主要模式，或者单个变量之间的关系用传统方法建模既不易理解又太复杂时，构形特别有用。构形观点通常认为在给定的情形下，只有有限数量的可行战略、组织类型、制造任务等。这种节省（parsimony）和等效性（equifinality）的联合使构形模型在教学和研究上很流行[123]。

可以说，20 世纪 80 年代制造战略领域的研究主要集中在内容和过程方面，20 世纪 90 年代中后期关于制造战略构形研究才逐渐增多。在 2000 年杂志 *Journal of Operations Management* 关于构形模型的一期专刊上，其主编在前言中指出构形模型在运营战略领域被人们广泛使用的主要原因[123]有以卜儿点。

（1）构形模型很适合研究复杂的、多变量的组织现象。

（2）构形研究使用的方法已经在其他学科很好的建立，能够容易地用于运营管理问题。

（3）运营领域从总体上说，构形研究方法还未被充分利用，并且缺乏对类型和分类的严格检验。

构形模型通常分为类型（typologies）和分类（taxonomies），每一种都提供了关于组织的多维视角，它们在关于基本目的、关键特征和理论陈述方面有着显著的不同。类型识别出多种理想的类，每类代表一种独特的组织属性组合，这些集合被确信决定了相关结果。分类是组织用离散的决策准则将现象分为互斥和无遗漏的集合[124]。当然，这两种过程在一定程度上存在收敛。一方面，类型必须对真实组织有用；另一方面，分类的主要应用是识别最好的类。每种方法都把所依赖变量的选用作为开发中最重要的决策，支撑他们的变量必须仔细选择并以现有理论为基础[125]。

在两种制造战略构形研究中，分类主要是基于调查或案例的研究，通过聚类或因子分析技术得到结果。分类研究的典型目标是识别追求类似战略的公司集，按照相似或一般战略和结果表明，制造战略是否/如何由市场或其他因素所形成。类型来源于分类识别的一般战略的讨论，并增加其自身基于案例或调查研究的结果。

表 2-1 概括了制造战略构形模型的主要研究内容和结论。

表 2-1 制造战略构形研究的主要文献

构形	作者	研究方法	分析单元	描述
类型	Stobaugh 和 Telesio[126]	概念性；从案例研究推断	公司	使用制造任务和技术管理来定义制造战略，基于 100 个跨国案例的研究，识别了三种国际制造战略类——低成本战略（low-cost）、技术驱动战略（technology-driven）和市场密集战略（marketing-intensive）
	Wheelwright 和 Hayes[36]	概念性；从现场研究推断	战略业务单元	基于战略角色、外部集成和制造职能的开放性，开发了一个四阶段框架制造职能的演进过程。该框架提供了公司在制造上的观点及其中的角色：内部中性、外部中性、内部支持和外部支持
	De Meyer[2]	实证	公司	利用欧洲制造业未来调查（European manufacturing futures survey）的结果识别了三种类型——高性能产品（high performance product groups）、制造创新者（manufacturing innovators）和市场导向（marketing oriented）
	Miller 和 Roth[23]	实证	制造公司	检查了 164 家大的美国制造公司，发现了三个基于制造任务的战略——看守者（caretaker）、创新者（innovator）和市场者（marketer）

续表

构形	作者	研究方法	分析单元	描述
分类	Hayes 和 Wheelwright[21]	概念性；从案例研究推断	工厂	按四种过程结构（加工车间、批量、装配线和连续流）和四种产品结构（低批量-低标准化、多产品低批量、少数主要产品高批量、高批量-高标准化的日用品）构成产品-过程生命周期矩阵
	Richardson 等[128]	实证	公司	基于 64 个加拿大电子公司的调查数据，根据六个任务陈述和四个制造任务开发了一个业务单元分类，即新产品中心（new product centres）、客户创新者（custom innovators）、成本最小化加工车间（cost minimising job shops）和成本最小化者（cost minimisers）
	Hill[129]	概念性；基于工厂现场和现有文献	工厂	基于覆盖产品及市场、制造、投资及成本、基础设施的 20 多个方面提出了五种流程类——项目、车间、批量、线和连续流
	Kotha 和 Orne[130]	概念性；部分基于 Porter	战略业务单元	基于三个维度过程——结构复杂性（process structure complexity）、产品线复杂性（product line complexity）、组织范围（organisational scope），定义了八种战略类型。这三个维度被用于定义与波特的一般企业战略模型相匹配的理论上的一般战略。然而，作者没有实证研究这一框架
	Sweeney[131]	概念性	公司	研究了公司响应竞争性挑战的方式，发现了四种战略类型——市场者（marketer）、创新者（innovator）、看守者（caretaker）和重组者（re-organiser）
	Ward，Bickford 和 Leong[53]	概念性；基于现有文献的扩展评述	公司/战略业务单元	按照竞争战略、环境、结构和制造能力，描述竞争优势通常使用的路径，开发了环境适应的分类，识别了四种战略——利基区分者（niche differentiators）、宽泛市场区分者（broad market differentiators）、成本领先者（cost leaders）和精益竞争者（lean competitors）
	Cagliano 等[132]	实证	公司	基于 IMSS I 和 II 样本的聚类分析，使用竞争优先权识别了六种不同的制造战略——制造创新者（manufacturing innovators）、看守者（caretakers）、技术开拓者（technology exploiters）、成本最小者（cost minimisers）、高性能制造商（high performance producers）和市场者（marketers）
	Kathuria[133]	实证	公司	利用 98 家制造单位的 196 个响应结果，识别了强调不种竞争优先权的不同小制造商类——全能者（do all）、速度优先者（speedy conformers）、效率优先者（efficient conformers）和初始者（starters）
	Frohlich 和 Dixon[134]	实证	公司	基于 IMSS II 检验，扩展了 Miller 和 Roth 的制造战略分类，使用竞争优先权作为聚类变量。他们用设计者（designers）替换了 Miller 和 Roth 的市场者（marketers），用专业者（specialists）替换了创新者（innovators）。识别了全球数据下三种另外的制造战略，分别是 idlers，servers 和 mass customisers

2.5　本　章　小　结

虽然制造战略的研究自 1969 年 Skinner 提出相关概念和相互关系以来，已经经历 30 多年，在制造战略的内容与过程、制造战略与企业总体战略、制造战略与其他职能战略、制造战略内容要素之间的关系等诸多方面已经初具形态，但同企业战略、组织理论、市场营销等领域的研究相比，还很不成熟，有待进一步完善。Leong 等认为制造战略的研究与实践，在企业中应用进展缓慢的原因为[135]：①制造战略的研究者缺乏理论建立的内聚力；②制造战略缺少基于调研的实证研究成果；③制造战略的思想缺乏同其他领域理论的结合。

Leong 的观点基本反映了制造战略研究的困境。由于缺乏统一的研究语言，大多数的研究成果不规范，研究人员对总体理论进展的贡献微小，对研究方法的应用零碎，缺乏一致性，调研技术和统计方法的应用缺乏心理学、组织理论等领域的规范性和严谨性，使研究成果的说服力受到了挑战。

因此，制造战略在研究方法、要素关系、研究范围、理论假设、实证验证等方面存在较大的完善空间，制造战略的理论研究和企业制造实践之间还有较大的距离，特别是制造战略在时间维度上的稳定性与鲁棒性、不同制造战略类型之间的转化与演变、制造战略在发展中国家及经济转轨国家的应用（如中国、印度、俄罗斯、东欧国家）等还需要进行深入研究。近年来，随着企业资源依赖理论（resource-based view，RBV）、企业能力理论、学习型组织、业务流程重组（business process re-engineering，BPR）、供应链管理等理论的发展，对制造战略的研究提出了新的课题。

第3章 制造战略要素关系的发展演变

3.1 制造战略发展阶段的划分

自从企业出现以来，从社会的角度，生产的目的主要就是满足人们不断增长的物质需要；而从企业的角度，必须以尽量低的成本进行生产才能获得更大的利益，有利于企业的发展。在制造发展的第一个阶段，企业制造是围绕着成本这一主线来进行的，因而相应的制造实践也是着眼于制造成本的降低。在这一时期，先后产生了许多著名的方法和实践。例如，20世纪初，泰勒等的科学管理就是指导人们运用科学的手段开展制造实践，以达到降低成本、提高劳动生产率的目的。在这些方法逐步运用的过程中，全社会生产的产品数量得到极大提高，但产品的质量问题却无法得到充分的保证。因此，在20世纪20年代产生了对制造过程中的产品质量控制的要求，实施了产品质量检验这一制造实践。随着经济的进一步发展，虽然在20世纪30年代的世界性经济危机延缓了制造实践的前进步伐，但统计学的进展和第二次世界大战对战争物资的巨大需求直接导致了统计质量控制（statistical process control，SPC）在生产中的应用，企业的制造实践得到了更大的发展。这一时期，虽然企业对制造部门的要求，从单一的成本要素发展到了对成本和质量的要求，但企业的生产和经营活动还是局限在不太大的区域范围内，企业的竞争还不是非常激烈。这一个阶段一直持续到20世纪50年代，其标志就是第二次世界大战的结束，这一阶段企业之间的竞争主要以降低成本为主，这一时期的制造战略可以称为成本导向阶段。

随着世界经济的全面复苏和发展，管理人员对企业制造部门中质量这一属性的要求越来越高，因而产生了全面质量管理。正如在20世纪60年代初，费根堡姆给全面质量管理所下的定义："为了能够在最经济的水平上，并考虑到充分满足顾客要求的条件下进行市场研究、设计、制造和售后服务，把企业内各部门的研制质量、维持质量和提高质量的活动构成为一体的一种有效的体系"，这一概念对质量的要求从单纯依赖于制造部门扩展到了整个企业。在这一过程中，戴明提出了著名的PDCA（计划、执行、检查、处理）质量循环（戴明环），这一思想在日本得到了广泛的应用，它引领日本企业从第二次世界大战的经济低迷状态中恢复，在这些思想的基础上，日本企业提出了"改善"（即小的、连续的、渐进的改进）、看板等方法，确立了质量在日本企业中的重要性。以质量立国将日本企业的产品推向世界，在20世纪80年代达到了日本企业的顶峰和辉煌。同时，这一时期也开始逐步产生了对产品交货速度、时间的要求，企业的生产和经营活动大体上以国家作为边界，企业之间的竞争日趋激烈。可以说，从第二次世界大战结束后到 20 世纪 80 年代这段时期，全球经济的发展导致竞争程度加剧，企业降低成本方面的努力在管理水平上达到了一个新的高度，同时市场上竞争产品的极大丰富，使得人们越来越重视产品的质量问题，这一时期是以提高产品质量为主的质量导向阶段。

而 20 世纪 80 年代以来，国际竞争更加剧烈，企业在全球化的市场条件下在世界范围内进行战略布局，制造职能的基础性作用得到全面体现。企业经过长期在降低成本和提高质量方面的努力，企业的管理水平和能力越来越高，客户需求的多样化，市场细分程度的提高，需要企业在不同的目标市场上提供差异化的产品来进行竞争。对企业的这些要求和变化反映到制造部门，特别是 20 世纪 90 年代以来信息技术在企业制造实践中的广泛应用，对制造职能中降低成本和提高质量的要求，扩展到了更快的速度、及时、可靠地交货和提供更具多样化的产品等多个方面，相应的制造实践也反映了这一变化。在 20 世纪 80 年代以后的这一时期，众多的竞争优先权不断被提出，并日益得到企业的重视和支持。

3.2　20 世纪 50 年代以前的制造战略要素关系

如前文所述，制造战略要素包括战略层次的要素（即竞争优先权）和执行层次的要素（即制造实践），而这两个层次要素的变迁都受到企业目标的影响。因此，为了更好地探讨制造战略要素的内容和相互之间关系结构的发展，对制造战略要素关系结构的讨论除了竞争优先权与制造实践的变化之外，把企业目标在这一过程中的变化也纳入到分析中来。

3.2.1　企业目标

20 世纪初，由于市场需求旺盛，市场竞争以成本竞争为主，企业的目标就是"不断考虑能否在不增加成本或在增加成本和涨价的前提下提高产量，或者怎样才能既增加产量，又在现行价格下满足需求？怎样才能减少单位生产成本，以实现在较低价格下确保若明若暗的市场？"[136]。在亚当·斯密的《国富论》中，也仅有关于企业成本-价格方面的讨论，包括劳动分工、商品价格、劳动价格、地租等[137]。

3.2.2　竞争优先权

20 世纪 50 年代以前，人们对企业制造职能的要求比较简单，就是以更低的成本生产产品。企业的竞争优先权就仅需要考虑降低成本，但到 20 世纪 20 年代后，由于科学管理思想的全面应用，市场竞争越来越激烈，在确保低成本这一竞争要素的情况下，产品质量在市场竞争中的地位和作用增强，因而制造部门也相应地需要改善质量水平。从 20 世纪 20 年代前后开始质量检验，20 世纪 40 年代实施统计质量控制，到在 20 世纪 60 年代后兴起的全面质量管理使质量竞争水平达到了顶峰，日本正是通过质量这一竞争要素在 20 世纪 80 年代确立了其在全球的竞争优势。但从总体上来说，在 20 世纪 50 年代以前，企业竞争优先权还是以降低成本为主，质量意识已经产生，不过尚未进入企业的视野。

3.2.3　制造实践

工业革命以来，制造业最初的生产方式最典型的就是手工生产。在这种方式下，每件产品单独制作，产品的零部件不存在互换性，制作产品依靠的是操作者高度娴熟的技艺。这种制造实践的特点是：劳动力在设计、机械加工和装配方面都有高度的技艺；组织结构极为分散；采用通用的机床对金属和木材进行钻、磨等各项加工作业，产量极低[62]。这一时期企业的制造实践是通过口传心授的方式，在实践中学，随经验的积累逐渐增加操作的熟练程度。随着机器大工业的出现，人们开始采用一些新的制造实践方法提高劳动效率。泰勒在《科学管理原理》一书中，用计件工资制、工厂管理中的"故意磨洋工"现象、铁锹试验、搬运生铁块试验等几个制造实践例子说明了如何提高企业的生产效率[138]。而福特通过流水线这一制造实践的应用，将生产一辆汽车的时间从 728 小时缩短到了创纪录的 93 分钟，相应地，T 型车的价格从 1910～1911 年的 780 美元一降再降，直至第一次世界大战前的 360 美元[139]，他也将企业的生产方式从单件制造方式变成了批量制造方式。福特的生产方式也使企业制造实践得到了改变[62]：劳动力方面由于分工的使用，工人不再需要高超的技艺，效率也大为提高；组织结构方面由于对产品控制的需要，从此前仅从事组装，扩大到从事所有与汽车生产相关的一切，实现了纵向一体化，还由于市场的需要，在本部之外也建立了制造工厂；设备的使用和调试也不再需要专门的技能高超的机械师来完成，开始采用专用设备；产品方面提供了故障手册，可以在出现问题时加以解决。

早在 20 世纪初，泰勒在其《科学管理原理》中，提到为了确保产品质量，在工厂中设立检验员对产品进行质量检验。质量检验是在成品中挑出废品，以保证出厂产品的质量。但这种事后检验把关，无法在生产过程中起到预防、控制的作用，废品已成事实，很难补救。而且，百分之百的检验，会增加检验费用。随着生产规模的进一步扩大，在大批量生产的情况下，这种质量检验的弊端就突显出来。1924 年，美国贝尔研究所工程师 Shewhart 把数理统计方法引入到质量管理中，提出了控制和预防缺陷的概念，并成功地创造了"控制图"，把质量管理推进到新阶段。在 Shewhart 创造控制图以后，他的同事 Dodge 与 Romig 在 1929 年发表了

《抽样检查方法》，1931 年 Shewhart 发表了《工业产品质量的经济控制》。然而，Shewhart 等的创见，除了他们所在的贝尔系统以外，只有少数美国企业开始采用。特别是由于资本主义的工业生产受到了 20 世纪 20 年代开始的经济危机的严重影响，先进的质量管理思想和方法没有能够得到广泛推广。

　　第二次世界大战开始以后，战争对武器弹药等军需的生产质量，提出新的严格要求。缺乏事先控制和破坏性检验保证的军需产品的质量，必然影响战争的进行，这就迫切需要把数理统计的新方法应用于质量管理。于是，不仅在国防军火部门采用卓有成效的统计质量管理，而且在其他部门，如民用工业部门、运输、保险部门也得到推行，这使统计质量管理得到很大发展。这种方法实现了从被动的事后把关到生产过程的积极预防的转变。相对于检验把关的传统管理来说，统计质量管理是概念的更新，检查职能的更新，是质量管理方法上的一次飞跃。

　　第二次世界大战结束后，美国许多企业扩大了生产规模，除原来生产军火的工厂继续推行质量管理的条件方法外，许多民用工业也纷纷采用这一方法，美国以外的许多国家，如加拿大、法国、德国、意大利、墨西哥、日本也都陆续推行了统计质量管理，并取得了成效。但是，统计质量管理对质量的控制和管理只局限于制造和检验部门，而忽视了其他部门的工作对质量的影响，这样就不能充分发挥各个部门和广大员工的积极性，制约了它的推广和运用。当然，这与这一时期企业战略的思想才开始产生，制造职能与其他职能之间的关系还未引起重视与研究有极大的关系。

　　这一时期由于企业规模不大，企业的竞争环境也不激烈，因而，对制造职能的要求也主要是提高制造技术和能力，改善企业制造绩效。对制造职能各要素之间，以及制造职能与其他职能如何协同，还没有也不需要提到议事日程上来。相应的制造战略要素关系结构如图 3-1 所示。

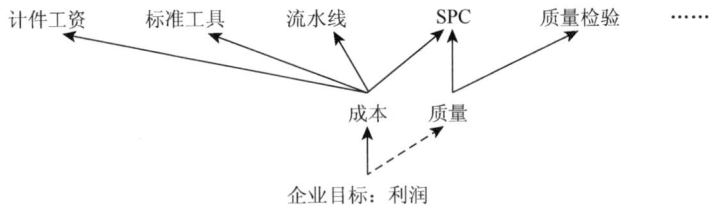

图 3-1　20 世纪 50 年代以前的制造战略要素关系
---- 表示处于从属、次要地位

3.3　20 世纪 50 年代末到 80 年代初的制造战略要素关系

3.3.1　企业目标

　　第二次世界大战以后，跨国公司迅速发展，现代科学技术发展突飞猛进，市场情况瞬息万变，企业竞争变得越来越激烈。许多公司生产过剩，管理者在公司目标上强调增长和多样化，企业的竞争从以前的主要基于成本扩展到了高质量、更短的提前期、更快地交货、更频繁地引入新产品而又不增加成本和库存等更多方面的要求[5]。例如，日本通过第二次世界大战之后 20 年的发展，需求超过了供应，日本企业聚焦于增加生产数量，使用了不同的测量因素，如每小时的产出、机器损坏导致的损失时间、缺陷率等确保制造竞争力的提高，在 1973～1974 年的第一次石油危机中，洗衣机、冰箱和真空吸尘器等的市场开始饱和[140]。

Skinner 认为，随着技术变革（包括新的设备、新的流程、新的控制手段、新的信息系统、新的材料、新的产品、新的工作需求等）、社会变革（包括大型组织中的不信任，日益增加的对自由、个性、参与等的强调，而对工作的价值、质量、行为、责任-义务、未来等不太强调）、经济变革（包括日渐增加的国外竞争、更短的运行周期、更短的产品寿命、更依赖于客户、更窄的边界、更多的行业间竞争、增加的设备成本、更高的劳动力成本等），原有的工厂已经不适应新形势的需要。企业的目标各有不同，有的企业是市场导向；有的企业是产品导向；还有的企业则是技术导向。企业可采取多样化方式：在指定市场上的产品多样化；使用给定产品线（在一定地理或消费群体上）的市场多样化；给定产品和市场组合的流程多样化或垂直集成、不相关（水平）多样化[9]。

3.3.2　竞争优先权

20 世纪 50 年代后，由于国际竞争的加剧，对企业制造职能的要求也越来越高。制造实践的变化从传统的"泰勒式"工作组织到更强调基于团队的工作和多技能；生产线被更灵活（agile）或柔性（flexible）的系统，如制造单元（manufacturing cells）所替代；质量检验部门由全面质量管理所替代；库存水平和在制品通过 JIT 变得更"精益"；整个制造过程中基于计算机应用的迅速增长。这些变革要求公司不仅要考虑成本，而且要考虑质量和客户响应[141]。Skinner 首先观察到制造职能可以作为企业竞争的战略武器，并认为在成本、时间、质量、技术限制、客户满意之间需要折中[2]。Hayes 和 Schmenner 也认为，一个公司可以在其产品价格上与其他公司竞争，也可以基于更高的质量、承诺的可靠性、产品柔性或批量柔性进行竞争。例如，基于产品柔性进行竞争的公司，其能力足以处理困难的、非标准的订单，并在新产品引入上领先[9]。Wheelwright 基于成本、质量、可靠性、柔性这四个竞争优先权，调查了副总裁和制造经理对当前的竞争优先权与（将来）需要的竞争优先权之间的差异。

Skinner 在提出制造战略概念的同时，认为在企业的竞争优先权之间需要权衡，并针对权衡的需求提出了聚焦工厂与改进竞争优先权之间的权衡关系，给出了实现聚焦式工厂的具体形式——厂中厂，即将现有的工厂重组为在组织和设施上完全独立的几个厂中厂，每个厂中厂在设施、制造任务、劳动力管理、生产控制、组织结构等方面是独特的，每个厂中厂通过专注于自身的工作（特定的竞争优先权）而获得经验，以形成独特的竞争力[8]。

3.3.3　制造实践

在 20 世纪 50～80 年代，最著名的制造实践可能要数全面质量管理及其在日本的应用。1961 年，美国通用电气公司的质量经理费根堡姆出版了《全面质量管理》一书，该书中强调执行质量职能是公司全体人员的责任，提出"全面质量管理是为了能够在最经济的水平上并考虑到充分满足用户要求的条件下进行市场研究、设计、生产和服务，把企业各部门的研制质量、维持质量和提高质量活动构成为一体的有效体系"。戴明、朱兰、费根堡姆的质量管理理论在日本被普遍接受并加以推广，各种统计技术，如"因果图""直方图""散点图""排列图""控制图"等方法被普遍用于质量改进，这在 20 世纪 70 年代使日本企业的竞争力得到极大的提高，其中，轿车、家用电器、手表、电子产品等占领了大批国际市场，促进了日本经济的极大发展。日本企业的成功，使全面质量管理的理论在世界范围内产生巨大影响。

这一时期在 1948～1952 年、1957～1958 年、1969～1971 年、1973～1975 年、1979～1982 年先后爆发了五次世界经济危机，西方发达国家工业生产普遍持续大幅度下降，面临着结构性经济危机和低速发展的困扰。这几次危机导致企业竞争压力加大，原有的技术、工艺、产品不适应新的竞争形势的要求。许多公司开始生产不同种类的商品，企业开始进行客户需求和满意程度的评价。诸多的绩效测量技术被引入，如来自客户要求的数量、制造提前期、交货提前期、机器调整时间和库存周转率。但这些方法的使用也带来了成本的增加，因为它在设计上的工作增多。另外，如果生产不能足够快速地应付变化的市场需要，它可能由于生产与销售之间的不匹配而导致浪费，如在低需求时产品的生产过剩和库存堆积，而在高需求时不能满足供应。简言之，对制造公司来说，关键是在正确的时间按正确的价格提供正确的产品给客户[140]。企业开始对企业制造实践进行多方面，包括能力、设备、垂直集成、生产流程、劳动力、质量、生产计划与控制、运营支持条件的实施与执行[59]。

Skinner 在其关于制造战略的开创性文章中，将相关实践活动总结为四个方面的制造实践并称之为决策领域：工厂和设备（是购买还是自制、设备选择通用还是专用等）、生产计划与控制（库存大小、库存控制程度、机器的停工期或劳动力成本或在制品时间或特定产品或物料利用的最大产出、质量控制、标准的使用）、产品设计/工程（工作专业化程度、监工培训、工作分级与激励、监督程度、工程师数量）、组织和管理（组织是以职能还是产品还是地理或其他为焦点、决策所掌握信息程度、员工团队大小、领导模式），对制造实践进行总结和研究[2]。Wheelwright 也提出了几方面的制造实践——流程选择（自动控制、产品特征、互连）、生产能力（负荷、领先或滞后、转换）、工厂（规模、位置、聚焦）、垂直集成（供应商控制、客户控制、相互依存）和基础设施（计划与控制、劳动力、质量控制），并构建了一个制造战略运行框架：根据公司资源和环境定义公司战略和目标，识别出历史（过去）的竞争优先权（效率、可靠性、质量、柔性）并确定需要（达到）竞争的优先权，然后据此识别主要的运营决策（制造实践）。

从总体上来看，20 世纪 50～80 年代是世界企业大发展的时期，各种新的方法、技术、管理手段等的应用层出不穷，但多数是从企业外部的营销或企业内部其他职能，如人力资源、研究与开发等，对制造部门大多着眼于技术的提升，对制造战略要素及要素之间的关系和制造战略对企业竞争优势的作用等还远未引起重视。相应的制造战略要素关系结构如图 3-2 所示。

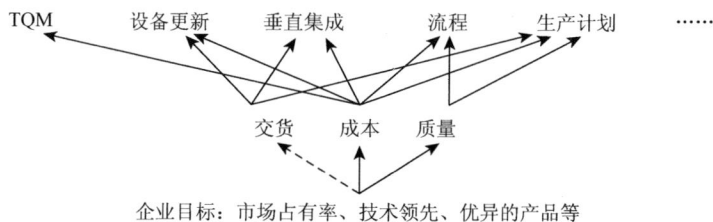

图 3-2 20 世纪 50～80 年代初的制造战略要素关系

---- 表示处于从属、次要地位

3.4 20 世纪 80 年代以来的制造战略要素关系

3.4.1 企业目标

经过第二次世界大战后 30 多年的发展，到 20 世纪 80 年代企业规模越来越大，竞争也越来越激烈，企业开始面临严峻的生存危机。企业目标同企业本身一样，也处在不断的变化之中，从以前主要追求利润最大化，转向了目标多样化，见表 3-1。

表 3-1　美国大公司的目标

财务目标	企业战略目标
收入快速增长	更大的市场份额
利润快速增长	更高、更安全的产业排名
更高的红利	更高的产品质量
更宽的利润率	相对于关键竞争者的更低的成本
更高的投资回报	更宽或更有吸引力的产品线
更强的债券和信任等级	更好的客户声誉
更大的现金流	更好的客户服务
股价增加	作为技术或/和产品创新上的领导者
被识别为蓝筹股公司	在国际市场上竞争增加的能力
更多样化的收入基础	
经济衰退时的稳定利润	

资料来源：文献[142]

　　企业目标的多元化是伴随着企业战略理论而发展的。根据钱德勒的说法，"战略就是决定公司基本的长期目标，对行动计划的采用和对必须资源的分配以达到目标"。自从钱德勒的《战略和结构》、安索夫的《公司战略》和安德鲁的《公司战略概念》之后，企业战略理论逐渐开始影响和主导企业目标的建立和实施，到 20 世纪 80 年代以后，产生了众多的企业战略理论和流派，如结构-行为学派（structure-conduct-performance，SCP）、资源学派（基于资源的观点）[143, 144]等使企业对其各种目标的要求各有不同，并随时代发展而不断变化，而目标的多样化对企业制造的影响是十分明显的。

3.4.2　竞争优先权

　　由于市场竞争的需要和企业目标的多样化，企业对制造部门的要求越来越高，对制造领域相关要素的研究也逐渐增多，研究和实践人员识别了众多的竞争优先权。自 20 世纪 80 年代以来，日本通过质量立国在全球竞争中所向披靡以后，质量管理变成了一个无处不在（all-pervasive）的管理哲学[48]，对质量在制造过程及企业竞争中的作用与认识，更是有众多的文献与实践。例如，Forker 将质量区分为性能、特征、可靠性、一致性、持久性、适用性、美感、感知质量[145]。Jayaram 等总结了基于时间的竞争，包括新产品开发时间、新产品引入时间、制造提前期、交货速度、交货可靠性、客户响应[146]。Upton 认为柔性是在时间、努力、成本或绩效上对小障碍的应变或反应能力[147]。更多的人研究了柔性的分类[44, 45, 148]，Koste 和 Malhotra 在对前人关于柔性的研究进行总结的基础上，将柔性分为了五个层次：战略业务单元层次（战略柔性）、职能层次（研发柔性、系统柔性、组织柔性、营销柔性、制造柔性)、分厂层次(批量柔性、修改柔性、扩展柔性、混合柔性、新产品柔性)、车间层次(运营柔性、路线柔性)和单个资源层次(机器柔性、劳动力柔性、物料控制柔性)[149],还有的研究人员对柔性进行了实证研究[150]。

另外,众多的研究人员识别了更多的竞争优先权[51]。研究人员还研究了各种竞争优先权及其相互之间的关系。Hayes 和 Wheelwright 认为"对一个公司努力同时追求在所有维度上得到更高的绩效是困难的(如果不是不可能的话),甚至是危险的,因为它可能会终结公司利用更多资源开发在每个维度上竞争优势的某些其他次优选择"[20]。更多的人研究了竞争优先权之间的关系,在 20 世纪 90 年代中期以前,研究人员大多同意竞争优先权之间的权衡的观点[57],随着日本制造实践在全球范围内的崛起,研究人员开始认同世界级制造,并认为竞争优先权之间的权衡是不必要的。到 20 世纪 90 年代,研究人员又从新角度,考虑竞争优先权之间权衡关系的本质及影响,一些研究人员提出了竞争优先权之间的沙锥或累积能力关系模型[65]。

3.4.3　制造实践

为了应对不断变化的市场需求、客户需要和激烈的竞争,20 世纪 80 年代以来各种新技术、新方法、新的管理手段不断应用到企业制造上来,如 ERP、TQM、供应链等。由于日本企业在全球的成功,Voss 比较了在英国的日本工厂和采用日本制造实践的英国工厂之间的制造实践差异,其中包括工作地点干净有序、最小化库存(车间少量的库存、货物在需要的时候小批量或及时交付、快速启动、没有缓冲存货、清楚的额定库存)、问题预防(防止机器过载、控制系统、长期稳定的主生产计划、最低转换率)、追求细微(所有问题都很重要、努力持续的增量改进)、质量考虑(设计中构建质量、培训所有工人、全员检查、员工反馈)、设备政策(自主设备、对普通机器的良好维护、极好的物料控制)、质量环、自动化的应用、看板系统、物料需求计划、员工停止生产的能力及对制造过程细节的注意,通过这些制造实践的应用,英国公司取得了较好的效果,如英国的工厂比五年之前要整洁和干净许多[151]。Young 等比较了中国、韩国、日本、西欧国家、美国在机床业和纺织业生产领域的制造实践,包括生产预测、生产计划、日程安排、车间程序、采购管理和物料管理[152]。在对这些制造实践的内容研究之后,研究者研究了制造实践与绩效的关系,如 Voss 和 Blackmon 比较了英国与德国的制造实践差异并分析了其对绩效的影响,包括组织及文化、物流、制造系统、精益生产、并行工程、全面质量管理[76]。Morita 和 Flynn 调查了日本企业(机械、电子、汽车业)的管理实践、系统与行为、竞争绩效,调查项目共分为 53 大类 250 小项,其中，大部分是关于制造实践或与实践有关的项目[80]。特别是进入 20 世纪 90 年代以后，关于制造实践的调查和研究的文章多了起来，众多研究者研究了制造实践结构[86]、制造实践与企业规模[153]、制造实践与绩效的关系[154]。相应的制造战略要素关系结构如图 3-3 所示。

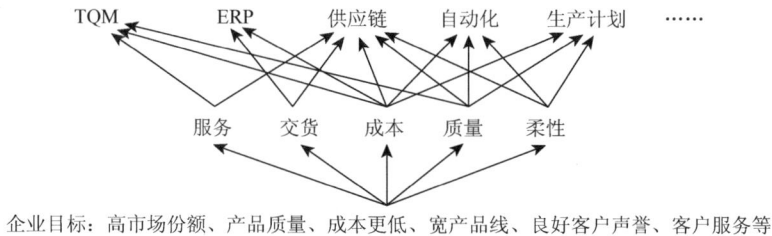

TQM　　ERP　　供应链　　自动化　　生产计划　　……

服务　交货　成本　质量　柔性

企业目标：高市场份额、产品质量、成本更低、宽产品线、良好客户声誉、客户服务等

图 3-3　20 世纪 80 年代以来的制造战略要素关系

3.5　制造战略要素关系变化的原因

制造战略要素之间的关系在其发展过程中，由于社会、经济、技术等大环境，以及企业和制造部门本身面临的内外部条件的变化，其结构也变得日趋复杂。具体来说，引起这一结构变化的原因主要有经济发展水平提高、生产组织方式变革、知识结构更新、组织管理体系变化、产品与过程结构转变等。

3.5.1　经济发展水平提高

经济发展程度是一个国家或地区经济实力的总体反应。经济发展程度的高低既影响制造的战略层次要素，也影响制造的执行层次要素。经济发展水平低，则企业之间的竞争程度也相应较低，这时企业之间的竞争在制造的战略层次上将会大多局限于成本等要素方面，而这一战略决策又会导致在制造的实施过程中，使用多种降低成本的方法。同时，由于经济发展层次较低，企业在人员、组织、制度、技术、管理手段等多方面也较为落后，实施经济发展程度较高的国家或地区提出的先进制造技术的能力也会不足。例如，中国企业在实施 ERP 的过程中，其实施失败的比例远高于国外实施失败的比例，其中最主要的原因就是人员素质低下、管理水平太低。另外，低下的经济发展水平伴随着低工资、低福利等，企业之间的竞争也处于较低的层次，对企业制造部门的要求也就相对较低。

3.5.2　生产组织方式变革

企业的生产组织方式从早期的家庭手工业的"少品种、小批量"，经过"少品种、大批量"和"多品种、小批量"，到如今的"大规模定制"方式，企业制造部

门的功能和作用也相应发生着变化。企业的竞争优先权种类从早期注重价格竞争转向了多种竞争优先权的协同竞争，企业的制造实践也从原来比较简单的组织结构、落后的生产技术、素质低下的劳动力等，变成了复杂的全球化网络组织、大量先进制造技术和多技能员工等。

3.5.3 知识结构更新

知识结构的更新对企业生产活动的影响越来越强。一方面，从理论提出到生产过程中加以应用所间隔的时间越来越短（表 3-2）；另一方面，从生产到投入市场的时间也越来越短，在 1885～1919 年，平均是 7 年；在 1920～1944 年，平均是 8 年；在 1945～1964 年，平均只有 5 年。科学技术的迅速突破，必然加速产品的更新换代。据统计，美国机械产品每隔 20 年全部更新一轮；电子产品每 10 年更新一轮；宇航产品每 10 年更新一轮半。在美国的食品中，70%是近 10 年开发的新产品；医药品有 50%是近 5 年研制的。某些产品的更新速度更快，就微型电子计算机来说，1971 年英特尔公司最先研制出字长为 4 位的微处理器，并组装成世界上第一台微机以后，各厂家竞相研制，其字长从 4 位到 8 位、16 位，近年来又发展到 32 位、64 位。差不多每隔两年就有一次重要的技术突破。这样的更新和发展速度，确实令人震惊[155]。

表 3-2　从理论提出到应用的时间周期

名称	时间/年
蒸汽机（17～18 世纪）	100
电动机（19 世纪）	57
电话机（19 世纪）	56
电子管（19 世纪）	31
汽车（19 世纪）	27
无线电（19 世纪）	35
雷达（20 世纪）	15
电视机（20 世纪）	12
晶体管（20 世纪）	5
原子能利用（20 世纪）	3
激光器（20 世纪）	1

生产技术的变化必然要影响到企业的各项职能，如 IT 的发展，使得企业在组织结构、经营方式、生产制造、管理理念等多方面都发生了改变。只是制造职能受到技术变革的影响更大，新的产品技术的提出和应用，首先反映到企业的制造职能，要求制造部门提出相应的对策和解决方案。

知识结构的更新，既包括企业内部应用的知识技术的变化，又包括企业外部的知识体系的变化。企业外部的供应商、客户甚至行业内的其他竞争企业等拥有的知识不同，对企业制造职能的要求也不一样。例如，中国企业面对农村市场和城镇市场，对制造职能的要求是不同的，对农村市场来说，则更加强调成本-价格这一竞争优先权。

3.5.4　组织管理体系变化

为了应对不断变化的环境，企业的战略会发生改变，组织结构需要适应企业战略的这种改变而相应地进行调整。组织结构应该服从于组织战略，当组织的战略发生重大变化时，组织结构也必须做相应的改变，以支持组织战略的变化。组织结构如果不适应组织战略，不仅不能为企业成功实施战略提供有力的支持，还会成为战略推行过程中的阻力。

在企业战略和组织结构变化的同时，企业的制造部门也需要改变。制造战略需要同其他职能战略一起共同支持企业战略的变化。例如，简单组织结构意味着一个强有力的、做出大多数重要决策的集权组织形式，企业的制造决策简单、快速；而灵活组织结构需要分散化、非官僚控制，需要较高的专业化和差异化程度，使用跨职能团队和特定任务组来协调由于缺乏有力控制的行动。在众多的战略制造决策领域，如加工技术、能力、设备与垂直集成、产品和库存控制系统、劳动力管理等方面，不同的企业组织结构要求不同的制造决策[53]。横向为主的组织结构强调区域本地化，各地分公司相对纵向产品线经理具有更大的权力。他们直接接触到本地的客户，了解当地客户的特殊需求，为了赢得订单和市场，满足客户不同的需求，他们更倾向于差别化的产品，特殊的售后服务和保证。相对而言，纵向为主的组织结构中企业的权力更多地集中在纵向的产品线经理手中，他们更倾向于按照自己习惯的方式制定统一的规范、为所有用户提供标准化的产品和服务，以便于集中化管理。这种方式虽然比较主观，不够民主，但是标准化而非差别化的产品和服务的确是控制成本的有效途径。

3.5.5　产品与过程结构转变

生产与运营管理的早期研究者用成功的公司探索了生产过程和产品战略之间的关系。营销理论提出了产品寿命周期概念和可用于每个寿命周期阶段的不同的价格、促销、渠道和产品战略。然而，生产计划与控制系统的角色及其对制造战略和物理过程的总体影响还不是很清楚[156]。Hayes 和 Wheelwright 首次说明了制造商在产品结构与过程结构形成的产品-过程矩阵中的不同定位对制造绩效所产生的影响[11, 21]。Hayes 和 Wheelwright 的产品-过程矩阵描述了制造商可在两个维度上进行选择：过程结构和产品结构。过程结构维度范围从相对非结构化的车间环境到高度结构化的连续流生产环境；产品结构维度范围从产品设计上低标准化（高度定制化产品）到高度标准化的日用品一样的产品，见图 3-4。

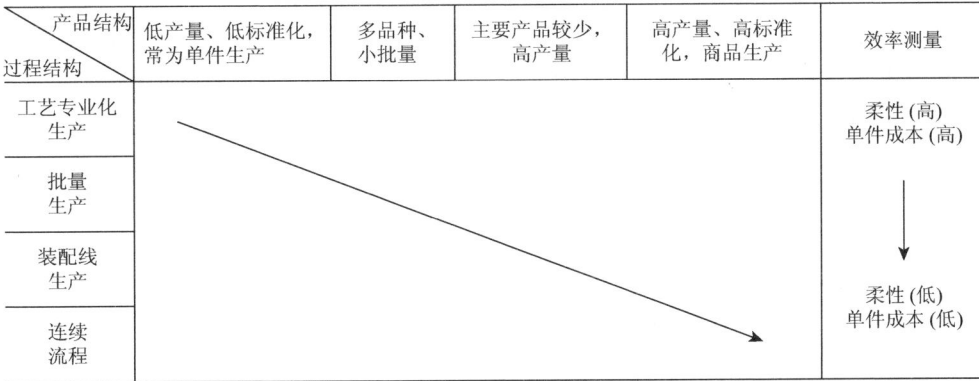

产品结构　　　　　过程结构	低产量、低标准化，常为单件生产	多品种、小批量	主要产品较少，高产量	高产量、高标准化，商品生产	效率测量
工艺专业化生产					柔性 (高)单件成本 (高)
批量生产					
装配线生产					
连续流程					柔性 (低)单件成本 (低)

图 3-4　产品-过程矩阵

Hayes 和 Wheelwright 开发的产品-过程矩阵识别了制造设备中产品寿命周期与技术寿命周期之间的关系。这一关系表明了从低批量-低标准化、混乱流的产品结构到高批量-高标准化、连续流的产品的一个路径。在产品-过程矩阵的中间识别的两个区域是：不连贯的线性流（批处理），在低批量、多品种下生产；连贯的线性流（装配线），在较高批量、少数主要产品下生产。Hayes 和 Wheelwright 同时观察了钟表、电动摩托、彩色电视产业的产品和生产过程技术的发展，基于这些行业的多案例研究，他们得出结论：大多数制造商会选择使其产品和过程技术生命周期阶段相一致。他们认为这种一致通常使得产品技术和能力产生的需要与生产技术提供的效率之间达到最佳的吻合[20]。

产品-过程矩阵的基本假设是，过程结构和产品结构之间的适应可以产生更高的绩效。Hayes 和 Wheelwright 等认为对产品定制和其他竞争优先权的强调应当与过程选择相一致。Safizadeh 等的实证研究调查了公司是否确实像假设一样将过程选择与产品定制和其他竞争优先权相连，以及是否协调的决策模式会导致更好的绩效[157]。他们根据 144 个美国制造工厂的经理收集来的数据，经过分析显示了过程选择、产品定制和竞争优先权之间的强相关关系；过程选择与产品定制高度相关，并且与质量和成本竞争优先权的强调也是如此；加工车间（job shop）和批处理车间（batch shop）倾向于更多产品定制、高成本和高质量；一些连续流水车间（flow shop）使用通用部件和柔性自动化以达到比其他所期望更高的定制。

但 Spencer 和 Cox 的研究表明产品结构与过程结构之间关系的存在似乎不依赖于产品本身的特性[156]。例如，对离散产品和流程业产品（如谷物、食品原料和

化学制品）都可能存在于四种过程种类之中的任何一种。他们认为这一结论与
Finch 和 Cox 的观察一致，Finch 和 Cox 认为："事实上，加工业，像离散产品工
业一样，能够在产品批量上从项目到连续制造"。他们的研究并没有分析产品结构
与过程结构之间的关系对行业的影响，但他们指出，过程结构不依赖于物理布局
（产品布局或过程布局），而依赖于投入生产中的资源数量，一个具有良好组织的
传统加工车间（job shop）也许能够达到完全的绩效，至少也可以比拟使用细胞（成
组技术）布局的同样车间。

3.6　本 章 小 结

本章研究了制造战略在从企业产生以来的演变过程中，制造战略要素关系结
构的变化原因，主要内容包括以下三方面。

（1）把制造战略发展过程分为了三个阶段。20 世纪 50 年代以前为第一阶
段，以降低成本为主；20 世纪 50～80 年代为第二阶段，以提高质量为主；20 世
纪 80 年代以后为第三阶段，多种制造目标共同发展。

（2）分析了制造战略要素关系结构在不同阶段的变化及其结构。在 20 世纪
50 年代以前的制造实践围绕降低成本这个中心实施，属于简单型的制造战略要素
关系结构；在 20 世纪 50～80 年代初的制造战略，在降低成本的同时，对质量的
要求也相应提高，采用的制造实践也紧密围绕这两个竞争优先权来进行，这一时
期由于企业竞争的加剧，对交货之类的新竞争优先权的要求也在逐渐产生，这种
结构是制造战略发展中的一种过渡状态；在 20 世纪 80 年代以后，市场细分程度
越来越高，竞争优先权逐渐多样化，新的技术、管理手段等在制造领域广泛应用，
新的制造实践不断产生，制造战略要素关系结构日趋复杂。

（3）对制造战略要素关系结构影响的原因进行了分析，这些原因主要包括企
业所处地区的经济发展水平的高低、企业生产组织方式的变革、知识结构更新对
企业和员工、设备等的影响、企业组织管理体系改变，以及企业产品与过程结构
变化。

第4章　制造战略要素关系结构模型的构建

4.1　制造战略要素关系结构模型的提出

4.1.1　战略的层次与制造战略的地位

战略规划起源于20世纪50年代，在20世纪60年代至70年代中期被广泛应用[158]。钱德勒认为，战略是"企业确定长期基本目标，以及为贯彻这些目标所必须采纳的行动方针和资源分配"[159]。战略主要涉及组织的远期发展方向和范围，理想情况下，它应使资源与变化的环境（尤其是它的市场、消费者或客户）相匹配，以便达到企业所有者的预期希望[160]。战略在组织内主要可以分为三个层次[17, 118]。

（1）公司战略（corporate strategy），主要是关于组织的整个经营范围，从结构和财务的角度来考虑如何经营，怎样将资源分配给世界各地的不同部门的经营活动等。所有这些都受组织整体目标的影响。

（2）经营战略（business strategy）或称为竞争战略，主要涉及每种业务如何在市场中竞争。因此，主要问题是关心应开发哪些产品或服务，并将其提供给哪些市场；关心它们满足顾客的程度，以达到组织的目标，如远期盈利能力、市场增长速度或者提高效率等。因而，公司战略涉及组织的整体决策，而经营战略则更关心整体内的某个单元。

（3）职能战略（functional strategy），关心企业的不同职能——营销、融资和制造等如何为其他各级战略服务，如何为企业单元的竞争优势做出贡献，这些服务对于组织如何提高竞争力是很重要的。

显然，制造战略属于职能层次的战略。通过提供合适的结构化项目（建筑设施、工厂和设备等）和恰当的基础设施（人员配备、组织、控制政策等），制造战略确定了制造如何达成业务目标，以确保运营的有效性[17]。制造战略不能在真空中形成，它影响公司内部和外部许多组织群体，如人事、财务、营销、采购、研发、资本市场、产品市场、要素市场、技术市场、劳动力市场等，这些群体反过来又影响制造战略[15]。

4.1.2　制造战略的要素配置打造制造竞争优势

制造竞争优势的获取对国家竞争力、企业竞争力的提升和发展是至关重要的。Skinner认为，企业制造系统的所有要素之间应该相互一致并协同工作，竞争目标决定制造活动，制造活动支持竞争目标，达到企业的竞争目的，通过建立企业的制造竞争利器获取企业的竞争优势[2]。Miller 也提到，美国公司在尽力削减成本、调整库存、降低机器停工时间和使用流水线生产，虽然这些确实是必要的，但还不够，还需要清晰的战略目标及工厂的制造任务与企业的整体战略目标相一致[161]。而 Hayes 和 Wheelwright 认为制造战略的开发需要（自底向上的）能力构建和（自上而下的）战略-运营匹配的交互[38, 57]。

在此之后，众多研究人员从不同角度进行了探讨，通过对制造战略的构建获取制造竞争优势的方法、内容和途径。Hill 认为制造单元内一系列相关变量，如过程选择、工人技能、计划与控制系统，以及其他基础结构变量之间具有复杂的关系，当这些因素互相适应，制造系统被认为具有较强的内部一致性，但他没有分析这样的内部一致性对企业制造绩效的作用和影响[37]。Kim 和 Arnold 区分了制造竞争力和战略竞争力，构造了制造竞争力指标（manufacturing competence index），并对制造竞争力对于企业绩效的影响进行了实证[82]，他们随后又利用 Vickery 的研究模型[162]，提出了一个关于制造战略（竞争优先权、制造目标、行动计划）的过程模型，并用回归分析方法分析了 182 家美国企业的竞争优先权对制造目标、制造目标对行动计划、竞争优先权对行动计划的回归结果[83]。更进一步地，倪文斌通过 IMSS 数据库 2000 年的调查数据，在 Kim 和 Arnold 的模型基础上，增加了对制造绩效的分析，发现了竞争优先权、制造目标与行动计划的一致性与制造绩效呈明显的正效应[113]，也就是说，通过制造战略的要素配置可以建立企业的制造竞争优势。

4.1.3　制造战略要素关系结构模型的构造

基于上面的观点，我们提出制造战略要素关系结构模型，如图 4-1 所示。在图 4-1 中，竞争优先权是制造的战略层次要素，它确定了制造领域的战略选择，它服从于企业战略的需要和其他职能战略对它的要求，受到外部环境（如社会、经济、技术、竞争对手、合作伙伴、客户需求等）和企业内部环境（如资源、能力、管理水平、员工素质、企业发展目标等）的制约。制造实践是制造的执行层次要素，它依据企业对制造职能的战略要求，是企业为了达到企业目标在制造领域所采取的具体的行动计划，这些具体的行动计划既需要企业投入相应的资源，如资金、人力、时间，也受到现有的管理能力、技术水平和人力资源素质等的限制，同等的投入在不同的企业之间也可能会产生很大的差异。制造的竞争优先权与制造实践之间的匹配表明了企业在制造领域的战略要求与所采取的制造实践决策之间的一致程度，这种一致程度又决定了企业的制造竞争优势，并进而影响企业的绩效[82, 83, 85, 161]。

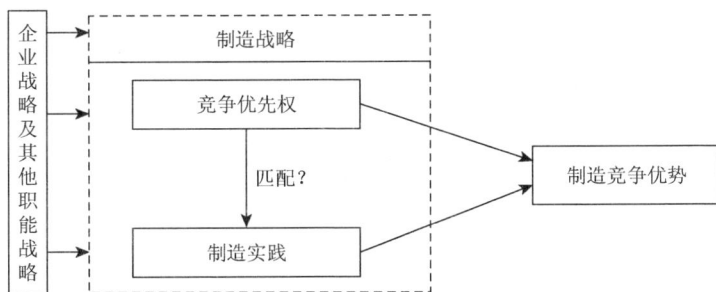

图 4-1　制造战略要素关系结构模型

无论是战略层次的竞争优先权还是执行层次的制造实践，从权衡观点到世界级制造或者是累积模型的研究来看，一个企业的某项业务（business）反映到制造上的竞争优先权一般只有少数的几个，如降低成本、提高质量、快速而可靠地交货等，但是制造实践却涉及众多的种类，如 Hayes 和 Wheelwright 发现的六类世界级的制造实践（劳动技能和能力、管理技术能力、通过质量竞争、员工参与、重建制造工程、增长的改进方法），以及 MRP II、FMS、TQM、JIT、计算机辅助技术/计算机辅助制造（computer aided design/computer aided manufacturing，CAD/CAM）、计算机集成制造系统（computer integrated manufacturing system，CIMS）等方面的实践活动。

Bolden 认为制造实践种类繁多，并提出了四个阶段的分类步骤[141]。

（1）识别制造实践。Bolden 等提到英国华威大学的工作心理学研究所（institute of work psychology，IWP）和华威大学制造研究小组（warwick manufacturing group，WMG）用头脑风暴法初步提出了 70 个实践，包括从具体的（如 CAD、CAM 和多种技能）到抽象的（如公司愿景、组织文化和创新）。

（2）区分制造实践。他认为可以将制造实践分为技巧、技术、工作组织和制造思想四大类，但这还不够，如 JIT 生产既可以看做是一种制造技术、一种组织形式又可以看做一种制造思想体系，因而需要更进一步进行区分。

（3）文献检索。通过对大量文献、数据库的检索，确定可以作为分类词汇的关键词，最后按字母顺序从作业成本法（activity-based costing）到零缺陷（zero defects），得到了 254 个制造实践种类。

（4）进行制造实践的分类。即浓缩相似类型的实践，通过 IWP 提出并由 WMG 和谢菲尔德大学制造系统管理小组（manufacturing systems management unit，MSMU）评价识别出了 87 类制造实践。

Bolden 进一步将有关的 87 类制造实践分为战略重点和应用领域两个维度。他按战略重点把制造实践分为了两大类：业务聚焦（business-focus）和组织聚焦（organization-focus）。在业务聚焦下又包括三类——改进质量（improved quality）、减少成本（reduced cost）和客户响应（responsiveness to customers）；组织聚焦包括两类——改进技术（improved technology）和员工发展（employee development）。他把这些实践按主要应用领域分为了四类：设计和生产（design and production）、物资和库存（inventory and stock）、工作组织（work organization）、涉及范围更广的制造组织（wider organization of manufacturing）。

因此，我们将上面的制造战略内部要素关系结构加以改进，得到如图 4-2 所示的降落伞形状的模型。

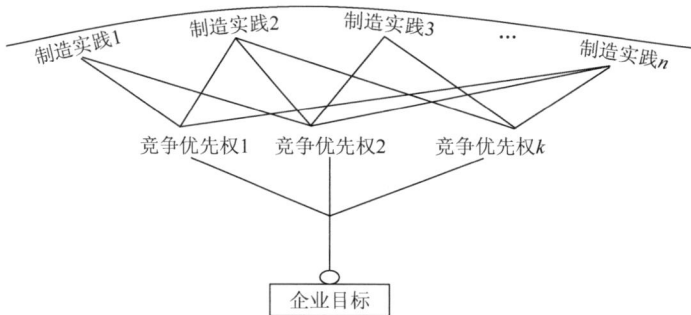

图 4-2　制造战略要素关系结构降落伞模型

在图 4-2 中，组织目标既是企业各个层次战略制定的依据，又是企业各种战略实施以后结果的综合体现，各层次战略之间和各种战略内部要素之间的匹配与协同，是完成和达到组织预定目标的关键。对于制造战略领域来说，首先按照经营战略和其他职能战略的要求，确定企业的制造竞争优先权，然后通过各种制造实践的实施和应用，达到企业对制造部门的要求。竞争优先权属于制造的战略层次，是抽象的；而制造实践属于操作层次的，是具体的行动计划。也就是说，竞争优先权难以客观的测量，但每一行动计划决策可以相对容易地按照企业在财务上的需求或在管理上的关注程度来把握[83]。制造战略的实施就意味着把高度抽象的竞争优先权这一概念解释或翻译为比较直观的各种制造实践，并能够加以应用。

然而，由于特定的制造行动计划项目能够改进企业运营特定的方面，一个制造行动计划项目的实施受到公司本身、时机和现有能力的影响[83]。而且，每一制造行动计划需要对企业内部稀缺资源进行分配，因此确定采用哪一个制造行动计划是非常重要的。也就是说，对优先采用的特定制造行动计划，管理者应当能够识别出其在特定运营目标上期望达到的效果。

总体而言，有特定优先权集的公司选择实施与这些竞争优先权一致的制造实践。换言之，实施特定的制造行动计划依赖于特定的竞争优先权。例如，如果给定在降低成本上有较高的竞争优先权而在快速交货上有较低的竞争优先权，制造经理就应当相对更多地投资与降低成本有关的制造实践，而较少地投资与快速交货有关的制造实践。管理者的作用就在于，在投资所有这些制造行动计划的内容上通盘地进行战略考虑。例如，对于提高质量这一制造目标而言，制造职能应当更多地投资 TQM、员工培训，还是使用计算机进行实时控制。

因此，对研究者和实践人员来说，问题的关键就是针对特定的竞争优先权，企业应当如何选择实施相应的制造实践投资。本章期望通过对制造战略要素关系的结构进行实证分析，发现这二者之间的关系及其动态变化趋势，理清制造战略内部要素之间的关系。

4.2　制造战略要素关系结构模型要素分析

根据前文的模型，制造战略要素关系结构的降落伞模型包括四个部分：企业目标、竞争优先权、制造实践和制造实践与竞争优先权的匹配关系。其中，制造实践与竞争优先权之间的匹配关系将在后面的章节中做实证分析时再进行详细的说明。

4.2.1　企业目标

企业目标反映在企业的战略定位上，企业不同的目标要求不同的企业战略，如采用成本领先还是差异化战略，对企业的制造部门的要求是不同的。企业目标的完成依赖于企业系统各职能的综合运行效果。制造战略是通过对作为竞争性武器制造优势的有效使用来达到经营目标和公司目标的[38]。众多研究者研究了制造战略与公司目标的关系，以及如何通过制造战略促进公司目标的实现[45, 161, 163]。企业目标的具体表现通常体现在企业绩效的好坏，因而较多的研究人员使用了企业绩效来分析制造战略对企业的贡献和作用[38, 82, 164]。

4.2.2　竞争优先权

企业的经营战略反映到相应的制造部门就是竞争优先权，它是制造职能与经营战略及其他职能战略，特别是市场战略相连的纽带，如图 4-3 所示。竞争优先权的存在使得制造战略不再隔离外界而孤立，而是同外界有相当紧密的联系。竞争优先权描述了制造职能为了能够支持经营战略，应当在成本、质量、柔性和交货等方面做到什么程度[165]。

竞争优先权是综合分析环境和企业的优势、劣势、机会及威胁而确定的，是战略分析的结果。竞争优先权的重要内涵是计划中制造能力重要性的次序，即在不同的能力之间排定重要次序，以集中力量实现重要的制造能力。由于竞争优先权是战略分析的结果，竞争优先权试图达到以下几个方面的协调一致[113]。

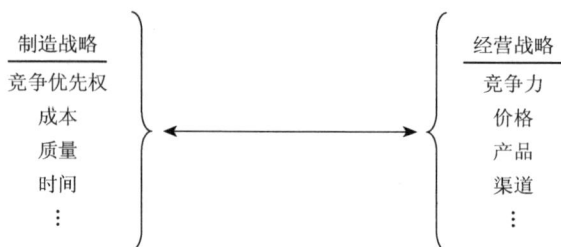

图 4-3　　制造战略与经营战略的不同聚焦

（1）制造战略同企业外部环境之间的协调一致，外部环境包括社会习俗、政府政策、行业竞争特点及经济形势等。

（2）制造战略同企业内部环境之间的协调一致，内部环境包括企业的组织气氛、财务制度、营销策略、投资模式、控制制度、组织规模及生产方式等。

（3）制造战略内部各要素之间功能匹配的协调一致。

在竞争优先权的类型上，Skinner 首先提出了四项竞争优先权：生产力、服务、质量和投资回报率。Hayes 和 Wheelwright 增加了柔性的概念，认为竞争优先权除了质量、价格、交货等方面之外，还应该包括产量柔性和产品柔性。在这之后，众多学者对此进行了研究，在竞争优先权上基本达成了一致性意见，认为竞争优先权包括以下四项：成本、质量（一致性质量和稳定性质量等）、交货（交货速度和交货可靠性）、柔性（产量柔性和产品柔性等方面）。Richard 和 Gurdon 在 1985年提出创新应成为竞争优先权之一，因为大部分的公司感受到产品创新是制造任务中极为重要的一部分。但这一说法并没有得到大部分研究者的认同，因为创新是一个含义极其广泛的概念，同质量、柔性、交货等概念具有较大的含义重合。在 1990 年的美国生产管理协会年会上，相关研究人员提出了服务作为竞争优先权的观点，认为服务是未来竞争优势和竞争差异的来源，这一观点得到了研究者的认同[113]。IMSS 问卷的设计反映了竞争优先权上的主流观点，研究以下五个竞争优先权：价格、质量、交货、柔性、服务。

4.2.3　制造实践

为达到所选的竞争优先权，企业应当确定在未来实施哪些改进的制造实践。制造实践是企业在制造系统中投资的管理项目和技术[141]。企业进行制造实践投资的目的是为了改善其制造系统的结构和功能，使之匹配企业的战略需求。在过去20 多年里，制造管理领域产生了无数的改进制造运营的项目，如 JIT、TQM、MRP、CIMS、ERP、供应链管理（supply chain management，SCM）等以解决众多的工业问题。然而，特定的制造实践能够改进运营的特定方面，制造实践实施的效果依赖于公司状况、实施时机和企业现有能力[83]。而且，由于每种实践都需要分配稀有的资源，决定采用何种实践是至关重要的。换言之，优先采用特定的制造实践，管理者需要识别其在特定运营目标上的预期效果。

由于企业管理实践的丰富性和技术的发展，制造实践的种类繁多，许多学者试图研究制造实践的类型或种类，但往往无法达到完美的结果。而且随着新的技术、管理方法等的产生，新的制造实践方式也在不断地发生着变化，正如 Bolden 等所写的那样："新的实践被讨论，旧的实践被忽视。"[141]IMSS 的调查过程也经过了不断的调整和丰富，反映在制造领域所采用实践的变化。1993 年调查的实践项目包括设施、制造过程和技术、能力计划、组织、计划与控制系统、质量、产品开发；1997 年的调查中增加了客户和供应商的外部集成；2001 年的调查中将一部分进行合并、修改变为制造过程类型、计划与控制系统、质量、产品开发、先进制造技术、组织和供应链集成；而 2005 年的调查更进一步修改为六个方面：计划与控制、质量、产品开发、技术、组织、供应链。

4.3　影响制造战略要素关系结构模型的环境因素

企业是一个开放的组织系统，它的生存和发展以外部环境为条件。它从环境中获取资源，将其转化为产品或服务，又输出给环境，企业进一步的活动又受到环境对其行为反馈的影响。企业战略的选择取决于外部环境的变化，企业必须应付动态的、不确定的环境。公司竞争的外部经营环境不断变化，组织也必须不断调整其战略以适应变化的环境。制造系统作为企业系统的一个子系统，它既受到企业外部环境的影响，也受到企业内其他职能部门的影响[15]。有关的具体环境变量包括后向一体化的威胁、分销渠道范围、原料/部件价格变动、雇用技术人员的难易、向前一体化的威胁、采购原材料的难度、原材料备选资源、垂直集成程度、技术变革程度、竞争产品数、竞争者数、新进入者数、退出数等。可能影响制造战略要素关系结构的环境因素大致可以分为三大类：环境动态性、环境复杂性和环境不确定性[84, 166-170]。这些因素通常都源于企业竞争的各种压力：本地或外地市场的激烈竞争、低边际利润、本地或外地市场需求下降、生产需要的优质产品、不可靠的销售商品质等。

环境动态性因素包括由于创新、技术变革或顾客喜好变化引起的市场波动；产品和服务变得过时；新产品和服务创新、新的运营流程创新、行业内客户口味和偏好的变化、需求变动、竞争产品价格、市场进入障碍、竞争压力、需求价格弹性等。

环境复杂性是由于制造管理受到多个方面的共同影响，如企业内部的其他职能部门、各种资源水平、企业外部的社会、经济、技术条件，以及供应商、客户等，制造部门必须将其有限的资源合理地安排到能给企业带来最大的长期和短期利益的制造实践之中，但影响制造管理的各方之间的目标、要求等不同，产生了对制造战略要素关系结构的复杂而又深远的影响。

环境不确定性问题是因为其包括的关键成分会影响组织的效果。它包括客户、供应商、竞争者、相关政府机构、工会、贸易协会、公共压力组和当前的技术。不确定性增加来源于组织环境要素随时间变化引起的环境的动态压力。由于不确定性是对组织效果的威胁，管理者的目标就是试图将之最小化。环境不确定性因素包括技术变革、通货膨胀、需求变动、竞争产品价格、市场进入障碍、竞争压力、需求价格弹性、组织规模变化等。

4.4　本章小结

本章基于前人的文献和研究，提出了制造战略要素关系结构模型，并将这一模型扩展为了降落伞形状，主要研究有以下几点。

（1）明确了制造战略的研究属于职能层次的战略研究，并分析了制造战略要素之间的协同与配合可以形成制造竞争优势，并进而获得企业竞争优势。

（2）基于制造战略要素之间的关系提出了制造战略要素关系结构模型，依据文献和研究，对制造战略的要素进行细分，详细论述了制造的战略要素主要包括成本、质量等竞争优先权，但制造的执行层次要素所包含的内容则种类繁多，并据此将制造战略要素关系结构模型进行了改进，并构建了制造战略要素关系降落伞模型。

（3）分析了制造战略要素关系降落伞模型的几个部分：企业目标、竞争优先权和制造实践，特别是后两者的主要内容。企业目标通常体现在企业绩效的好坏。竞争优先权是企业经营战略在制造领域上的反映，通常包括五项内容：成本、质量、服务、交货、柔性。制造实践则是为了达到企业所选择的各种竞争优先权而实践的管理项目和技术，它通常随新的管理方法和手段的产生而不断变化。

（4）分析了影响制造战略要素关系结构的环境因素，主要包括环境复杂性、环境动态性和环境不确定性。

第5章 研究方法与数据来源

5.1 研究方法与研究假设

5.1.1 研究方法

本章是基于调研技术和统计技术的理论验证性研究。本章虽然也应用了探索性研究技术，但验证性研究是主要的分析方法，主要的研究工具是方差分析和结构方程模型。其中，结构方程模型是一种功能强大的证实性多元统计分析技术，它的应用起源于20世纪60年代，到了20世纪90年代开始在心理学、教育学、社会学、经济学等领域得到广泛的应用。多元回归（multiple regression）、因子分析（factor analysis）和路径分析（path analysis）等方法都只是结构方程模型的特例。

5.1.2 研究假设

基于对制造战略模型的初步研究和文献综述结果分析，本章提出如下研究假设。

首先，在企业的制造运营发展过程中，经济竞争程度、技术水平、企业组织变革、经营范围等的变化，制造领域也发生着深刻的变化，因此，我们提出第一个假设。

假设 1 竞争优先权与制造实践在不同环境要素下具有差异，而且这一差异在不同时点上也是存在的。

在不同的环境要素下竞争的激烈程度、竞争的理念、竞争方式和管理手段等不一样，因此，反映到制造领域中，在制造战略的内容和结构上，制造的竞争优先权和制造实践也相应有所区别。

环境要素通常有企业所在区域、企业规模大小、经济发展程度等，因而这一假设又可分为三个子假设。

假设 1a 竞争优先权与制造实践在不同区域环境下具有差异，而且这一差异在不同时点上也是存在的。

假设 1b 竞争优先权与制造实践在不同企业规模下具有差异，而且这一差异在不同时点上也是存在的。

假设 1c 竞争优先权与制造实践在不同经济发展程度下具有差异，而且这一差异在不同时点上也是存在的。

其次，在众多研究者的研究中，把制造战略按竞争优先权进行分类研究，可以找出和发现制造战略的不同特征和性质，不同类型的制造战略其制造实践也不尽相同，于是有第二个假设。

假设 2　制造战略在不同分类下的制造实践，反映和体现了企业相应的制造战略选择中竞争优先权与制造实践的匹配关系。

最后，企业的制造战略选择中需要考虑众多的因素对其所存在的影响，如经济活动区域、所处国家及行业状况、企业规模、文化背景等外在环境因素和企业本身的实际情况，本书将研究在单个/多个因素变化下制造战略模型的表现形式和特征，试图寻找和发现在不同因素变化下的制造战略的规律，于是得到第三个假设。

假设 3　在不同时点，不同环境要素影响下的制造战略要素关系结构降落伞模型具有不同的表现形式和内容。

5.2　数据的收集与验证

5.2.1　IMSS 数据库概况

本书的研究数据来自 IMSS 项目。这一项目由伦敦商学院的 Chris Voss 和瑞典卡莫斯大学的 Per Lindberg 在 1992 年发起，其目的是在全球范围内研究各国的经济、文化、政治、企业特征对制造战略的影响，以及各国制造战略的基本特征等。全球共有 20 余家商学院和数千家企业参加，1993 年举行了第一次全球性的调研，1997 年、2001 年和 2005 年分别举行了后三次调研。哈尔滨工业大学管理学院作为合作伙伴之一，负责该项目 1997 年、2001 年和 2005 年在中国内地的调研工作。

IMSS 研究基于以下假设[171]：企业的不同战略环境导致了不同的制造选择和反应模式。IMSS 研究试图比较不同国家和地区的环境对制造战略的影响，以及随着全球环境和国家地区环境的变化制造战略变化的轨迹。因此，IMSS 项目不仅关注制造战略本身的研究，如制造战略内容和过程的研究，还关注社会环境和战略的互动关系，这些社会因素（如国家经济状况、文化背景等）将制造战略置于社会经济环境中进行审视。这与本书将进行的制造战略配置关系，在不同时点、不同目标、不同类型、不同环境、不同规模、不同经济发展水平下的比较相一致。

数据的收集由 IMSS 国际组织统一部署，分别在不同的国家进行，但数据要求在指定的时间范围内收集完成。例如，2005 年 IMSS 的数据收集时间范围如下。

（1）2005 年 1 月～2005 年 8 月：各国研究团队收集数据。

（2）2005 年 9 月：数据录入，数据提交给米兰工业大学（2005 年 IMSS 协调员所在地），各国数据合并。

（3）2005 年 10 月～2005 年 11 月：协调员检查数据，反馈给各研究团队，改正错误，再次提交给米兰工业大学。

（4）2005 年 12 月：数据最后合并，发布给研究网络。

样本选择的方法在各个国家有所不同，主要为：①随机、方便的原则；②上次调查的企业。一般以邮寄、传真、面谈等方式收集数据，并采取适当的手段保证回收率，以及数据的信度和效度。

被调研单位必须是一个独立的经营单位，它可以是独立的企业，也可以是属于大企业的工厂。填表人应是单位的生产或制造负责人，或是具有同等身份的人。

项目所设计的范围较广，因此调研的时间跨度较大，这在一定程度上削弱了数据的强壮性。

各国的调研数据在 IMSS 国际组织汇总，经问卷内部逻辑检验（三角互证等）、信度和效度分析，错误及不符合要求的数据将返回调查国，由合作伙伴返回调研企业，对数据进行修改并做出解释，如此反复，以保证数据的准确性，在确定无误后，将汇总数据库分发给各合作伙伴。

IMSS 项目 1993 年、1997 年、2001 年和 2005 年的调研，共涉及 33 个国家。表 5-1 表明了被调研企业的国别分布状况。

表 5-1　样本企业国家分布

国家	1993 年		1997 年		2001 年		2005 年	
	样本数	比率/%	样本数	比率/%	样本数	比率/%	样本数	比率/%
阿根廷	41	6.83	31	5.60	14	2.51	44	6.21
澳大利亚	29	4.83	—	—	40	7.17	14	1.97
奥地利	27	4.50	—	—	—	—	—	—
比利时	3	0.50	—	—	19	3.41	32	4.51
巴西	28	4.67	27	4.87	35	6.27	14	1.97
加拿大	23	3.83	—	—	—	—	25	3.53
中国	—	—	30	5.42	30	5.38	38	5.36
智利	6	1.00	—	—	—	—	—	—
丹麦	17	2.83	27	4.87	38	6.81	36	5.08
爱沙尼亚	—	—	—	—	—	—	21	2.97
芬兰	17	2.83	14	2.53	—	—	—	—
德国	24	4.00	—	—	32	5.73	18	2.54
荷兰	27	4.50	—	—	—	—	—	—
希腊	—	—	—	—	—	—	13	1.83

国家	1993 年		1997 年		2001 年		2005 年	
	样本数	比率/%	样本数	比率/%	样本数	比率/%	样本数	比率/%
匈牙利	—	—	38	6.86	58	10.39	54	7.62
以色列	—	—	—	—	—	—	20	2.82
意大利	41	6.83	71	12.82	60	10.75	45	6.35
日本	27	4.50	29	5.23	—	—	—	—
墨西哥	62	10.33	29	5.23	—	—	—	—
爱尔兰	—	—	—	—	32	5.73	15	2.12
荷兰	—	—	29	5.23	14	2.51	63	8.89
挪威	20	3.33	13	2.35	51	9.14	17	2.40
新西兰	—	—	32	5.78	—	—	30	4.23
秘鲁	—	—	8	1.44	—	—	—	—
韩国	—	—	50	9.03	—	—	—	—
葡萄牙	41	6.83	—	—	—	—	10	1.41
西班牙	29	4.83	33	5.96	20	3.58	—	—
瑞典	61	10.17	27	4.87	19	3.41	82	11.57
土耳其	—	—	—	—	—	—	35	4.94
英国	36	6.00	24	4.33	47	8.42	17	2.40
美国	41	6.83	42	7.58	14	2.51	36	5.08
克罗地亚	—	—	—	—	35	6.27	—	—
委内瑞拉	—	—	—	—	—	—	30	4.23
总计	600	100.00	554	100.00	558	100.00	709	100.00

调研中，所有样本企业必须是国际标准产业分类 ISIC 28~35（3.1 版）的工业经营单位，具体行业代码及其对应分类有以下。

28—金属品制造，机器和设备除外。

29—未分类的机器和设备制造。

30—办公、会计和计算机器制造。

31—未分类的电器设备和仪器制造。

32—无线电设备、电视和通信设备/仪器制造。

33—医疗器械、精密仪器、光学仪器制造，钟表生产。

34—机动车、拖车、半拖车制造。

35—其他交通设备制造。

以 2005 年 IMSS 调研结果为例，其 709 家企业的行业分布见表 5-2。

表 5-2 样本企业的行业分布

行业代码	名称	百分比/%
28	金属品制造，机器和设备除外	38.48
29	未分类的机器和设备制造	20.89
30	办公、会计和计算机器制造	2.29
31	未分类的电器设备和仪器制造	13.16
32	无线电设备、电视和通信设备/仪器制造	5.58
33	医疗器械、精密仪器、光学仪器制造，钟表生产	4.15
34	机动车、拖车、半拖车制造	9.59
35	其他交通设备制造	5.87

5.2.2 问卷结构

在项目开始时，IMSS 国际组织会根据当时的全球制造业最新发展状况，在前次调研的基础上设计新的调查问卷。问卷是以英文语言编制的，在非英国国家，由所在国的专家翻译成本国语言，并力求符合本地语言习惯。例如，在中国，问卷被翻译成中文，但内地的问卷以简体中文印刷，而香港的问卷以繁体中文印刷。简体版中的"信息"一词，在繁体版中翻译成"资讯"。这些细节确保问卷可以被不同地区的受访者理解，保证数据收集的准确性。

IMSS 问卷共包括三个部分：第一部分为经营单位概况、战略和绩效；第二部分为主要业务的生产概况、战略和绩效；第三部分为制造和供应链实践、过去的和计划的行动计划。

第一部分主要对制造企业的概况、市场竞争环境、竞争战略、竞争优先权和经营绩效状况进行调查。第二部分主要包括四个方面：主要业务概况及行业分布；成本结构、制造战略及战略目标；制造过程设计；运作绩效。第三部分主要包括业务的计划与控制、质量管理、产品开发、先进制造技术与信息技术的应用、人力资源管理、组织管理和供应链管理。

问卷是依据制造战略的理论框架，以及当前全球制造企业最新的制造实践进行设计的。因此，虽然问卷的总体框架是一致的，但在不同的调查年份，具体的调研问题会有一定的区别。

问卷主体采用 Likert 五点量表，用 1~5 的评分，要求企业对某一项问题进行评估，因此，得到的是企业有关某一问题的主观评价。虽然主观测量不能反映详细的信息，但主观测量指标反映的是相对的概念，这使数据所反映的信息具有不同企业之间的可比性。而问卷中的另一些问题则要求企业提供客观的数据，如员工数、销售额、估计制造的成本结构、投资回报率和销售利润率等，这些数据表示了企业的特征，可以用来对企业进行分类。

5.2.3 信度和效度检验

对于本书的研究，数据的信度和效度检验是比较关键的一个问题，这关系到本书研究成果的有效性和可靠性。因此，我们从多个角度对数据的信度和效度进行检验。

信度是指测量数据与结论的可靠性程度，即测量工具能否稳定地测量到要测量的事项的程度。也就是说，信度是就稳定性和一致性而言的。

本书通过以下几个手段保证研究的信度。首先，本书的问卷是由国际上在生产管理和战略管理领域具有相当成就的专家设计的，项目的发起人 Voss 教授和 Linderberg 教授都是当前在国际上制造战略研究领域知名的专家；在每个国家的调研又由各国相关领域的专家，将问卷翻译成本国语言进行调研，因此，在问卷内容上保证了调研的信度。其次，本书的问卷是经过不断发展而最终形成的，经过三轮国际性的调研之后，IMSS 的问卷已经比较成熟，并且问卷根据当前的企业制造实践和技术发展状况进行不断地改进，这些方面也保证了调研的信度。

常用的信度评价方法有重测信度（test-retest reliability）、复本信度（alternate form reliability）、折半信度（split-half）和内部一致性信度（internal consistency reliability）[172]。在实际使用中，最常用的是内部一致性信度。在问卷的设计和内容上，上面的方式已经保证了问卷的信度，因此，本章仅考虑在使用项目上的内部一致性，计算相应的内部一致性信度（即 Cronbach's α 系数）。

效度是指测量某项指标时所具有的准确程度，即测量工具能测出其所要测量的特质的程度。效度指测量结果与试图达到的目标之间的接近程度，评价的是偏倚和系统误差问题。效度越高，表示测量结果越能显示其所要测量的对象的真正特质。

对于 IMSS 这样一个国际性的调研项目，由于调研地理范围广，涉及企业多，企业类型复杂，在一个企业又只选择一位调研人，调研的效度是这一大型研究项目需要解决，但却非常难以解决的问题。

IMSS 研究主要应用以下手段对研究的效度进行控制：在答卷人的选择上，要求每个调研单位的答卷人是主管制造活动的最高经理，或相当于此级别的管理者，这有助于了解全单位的制造战略状况；在问卷的设计上，应用 Likert 量表技术，每一个测量指标由多项调研项目组成，这样可以在事后分析调研的效度。

常用的效度评价方法可分为三类：内容效度（content validity）、实证效度（validate validity）和构想效度（construct validity）[173]。内容效度指测验内容是否覆盖了具有代表性的行为样本；实证效度表示测验对某个效标的预测性的好坏；构想效度则反映测验是否测量了某个理论构想或特质。在本书的研究中，国际上知名专家的设计保证了内容效度。而构想效度将选用验证性因素分析来进行计算，对问卷隐含的结构进行验证，若模型拟合良好，本书认为测量的效度良好；若模型拟合较差，则有必要舍弃影响效度的数据。

5.2.4　制造战略要素关系测量变量析取与数据测度

1. 竞争优先权的类型与测度

在竞争优先权的类型上，Skinner 首先提出了四项竞争优先权：生产力、服务、质量和投资回报率。Hayes 和 Wheelwright 提出了柔性的概念，认为竞争优先权除了质量、价格、交货等方面之外，还应该包括产量柔性和产品柔性。在这之后，众多学者对此进行了研究，在竞争优先权上基本达成了一致性意见，认为竞争优先权应包括以下五项[40, 83, 115]。

（1）成本：以更低的成本生产和分销产品。

（2）质量：制造高质量和高性能的产品。

（3）交货：按规定的交货时间可靠、快速地交货。

（4）柔性：对产品种类、产品组合、设计改变、物料波动、排程改变等做出反应。

（5）服务：提供有效的售后服务，产品易于得到、定制化的产品和客户需要的服务。

上述竞争优先权通过一定的测量指标进行测量，在 IMSS 的数据库中，除了1993 年第一次调查中的有关项目较少之外，其余年份的调查中，多数竞争优先权都有两到三项测量指标，具体如表 5-3 所示。五项竞争优先权共设计了九个测量问题。在设计问卷时，研究者已经假设这九方面是对竞争优先权五方面的调查，因此，用验证性因素分析的方法来建立竞争优先权概念的测量体系。

表 5-3　IMSS 中竞争优先权的测量项目

年份	成本	质量	交货	柔性	服务
1993	成本	设计与制造质量	交货速度 交货可靠性	产品广度	服务
1997	成本	设计质量 制造质量	交货速度 交货可靠性	产品广度 新产品数 订单规模柔性	服务
2001	成本	设计质量 制造质量	交货速度 交货可靠性	产品广度 新产品数 订单规模柔性	服务
2005	成本	设计质量 一致质量	可靠交货 快速交货	产品范围 新产品 创新性的产品 订单规模柔性	服务

用验证性因子分析方法先建立了竞争优先权的验证性因素分析模型：以各竞争优先权为潜变量，以各调查项目为显变量建立表 5-3 中的结构关系模型，然后进行拟合。在拟合过程中，如果模型拟合指标未达到经验标准要求，就对模型进行修改后再拟合，如此反复进行。

根据温忠麟等[174]的建议，拟合优度指数（goodness-of-fit index，GFI）已经用得很少了，而且在结构方程软件 AMOS 6.0 中，已经没有 GFI 这一类的结果（在 AMOS 4.0 中有）。因此，本书选取了卡方（χ^2）、卡方/自由度（χ^2/df）、比较拟合指数（comparative fit index，CFI）、常规拟合指数（normed fit index，NFI）、tucker-lewis 指数（TLI，即 non-normed fit index，NNFI）和近似误差均方根（root mean square error of approximation，RMSEA）这几个拟合指标，总体拟合结果见表 5-4。在 1993 年的数据中，由于多数潜变量的测量项目过少，其拟合结果仅具有象征意义。而其余的拟合结果，按照候杰泰等[175]的建议，RMSEA 小于 0.1 就说明是好的拟合结果。因此，从最主要的两个拟合指标 χ^2/df 和 RMSEA 上看，比较令人满意，而另外几个指标也基本符合要求。

表 5-4　竞争优先权验证性因子分析的拟合结果

拟合指标	拟合结果			
	1993 年	1997 年	2001 年	2005 年
χ^2	23.460	79.778	96.788	203.198
χ^2/df	7.820	4.199	5.094	7.257
CFI	0.902	0.916	0.869	0.864
NFI	0.898	0.896	0.848	0.849
TLI	0.316	0.801	0.690	0.733
RMSEA	0.107	0.076	0.086	0.094

2. 制造实践类型的确定

IMSS 调查在制造实践方面的调查项目是通过不断改进得到的，从最初 IMSS'1993 的 27 项制造实践，到 IMSS'1997 增加为 41 项制造实践，再到 IMSS'2001 将一部分进行合并，如把与质量管理有关的部分合并为一项质量改进与控制，修改为 14 项制造实践，最终到 IMSS'2005 增加了供应链方面的调查，又进一步调整到 20 项。其依据是研究调研数据之间的相关性，将相近的制造实践合并为一项，并根据制造战略研究与实践的进展，修改和增加相应的调查项目。各次的调查中制造实践变量名称及其解释见表 5-5。

表 5-5　制造实践分析变量

调查时间	序号	变量名称	含义解释
IMSS' 1993	1	TQM	全面质量管理
	2	SPC	统计过程控制（statistical process control）
	3	ISO9000	ISO9000 准则/执照
	4	MRP	物料需求计划
	5	MRP II	制造资源计划
	6	JIT	JIT 制造、精益生产
	7	准时交货	向客户及时地交货
	8	SMED	快速换模
	9	拉式生产	拉式生产（如看板）
	10	ZDP	零缺陷计划（zero defect planning）
	11	CAM	计算机辅助制造
	12	CAD	计算机辅助设计
	13	DFA/DFM	面向装配/制造设计（design for assembly/design for manufact-uring）
	14	QFD	质量功能配置（quality function deloyment）
	15	价值分析	价值分析/产品重新设计
	16	QPD	质量政策配置（quality policy deloyment）
	17	厂中厂	重新按厂中厂进行组织
	18	定义战略	详细定义一个制造战略
	19	同步工程	同步工程（Simultaneous Engineering）
	20	作业成本	作业成本法
	21	工作小组	实施团队方法（工作小组）
	22	标杆瞄准	标杆瞄准（Benchmarking）
	23	改善	KAIZEN（持续改进）
	24	TPM	全面生产维护
	25	节能计划	能源节约计划
	26	环保计划	环境保护计划
	27	健康安全	健康和安全计划
IMSS' 1997	1	TQM	全面质量管理
	2	SPC	统计过程控制
	3	ISO9000	ISO9000 准则/执照
	4	QFD	质量功能配置
	5	QPD	质量政策配置

调查时间	序号	变量名称	含义解释
	6	ZDP	零缺陷计划
	7	标杆瞄准	标杆瞄准（Benchmarking）
	8	改善	KAIZEN（持续改进）
	9	CAT	计算机辅助检查/测试/追踪（computer aided test）
	10	MRP	物料需求计划
	11	MRP II	制造资源计划
	12	JIT	准时制造/精益生产
	13	及时交货	经常及时地向客户交货
	14	SMED	快速换模
	15	拉式生产	拉式生产（如看板）
	16	CAE	计算机辅助工程
	17	CAD	计算机辅助设计
	18	CAPP	计算机辅助过程计划（computer aided process planning）
	19	数控	数字控制/计算机数控/直接数控系统
	20	机器人	机器人技术
IMSS' 1997	21	自动工具	自动工具转换
	22	自动部件	自动部件装/卸
	23	自动存取	自动存储/检索系统
	24	AGV	自动导航小车（automated guided vehicle）
	25	CAM	计算辅助制造（CAM）/柔性制造单元（FMC）/柔性装配系统（FAS）
	26	CIM	计算机集成制造
	27	LAN	局域网（local area network）
	28	WAN	广域网（wide area network）
	29	共享数据	数据库共享
	30	DFA/DFM	面向装配/制造设计
	31	同步工程	同步工程/并行工程
	32	价值分析	价值分析/产品重新设计
	33	厂中厂	重新按厂中厂进行组织
	34	BPR	业务流程重组（business process reengineering）
	35	定义战略	详细定义一个制造战略
	36	作业成本	作业成本法
	37	工作小组	实施团队方法（工作小组）

续表

调查时间	序号	变量名称	含义解释
IMSS' 1997	38	TPM	全面生产维护
	39	节能计划	能源节约计划
	40	环保计划	环境保护计划
	41	健康安全	健康和安全计划
IMSS' 2001	1	工艺设备	更新工艺设备以达到产业标准或更好的程度
	2	制造能力	扩大制造能力（如购买新机器、雇佣新员工、建设新设施等）
	3	自动化	实施工艺自动化计划
	4	信息通信	应用信息和通信技术和/或企业资源计划（ERP）
	5	电子商务	按电子商务和/或电子经营的框架重组公司
	6	供应战略	重新思考或构建供应战略，以及供货商组合的组织与管理
	7	外包	专注于核心活动，而将辅助性过程和活动（如信息系统管理、保养、物料处理等）外包
	8	过程集中	重建制造过程和布局，实现过程集中和水线化（如重组厂中厂、生产单元的布局等）
	9	拉式生产	实施拉式生产（如降低批量、设置时间，应用看板系统等）
	10	质量改进	实施质量改进与控制计划（如 TQM、6σ、质量小组等）
	11	设备生产率	实施提高设备的生产率的计划（如全面生产维护计划）
	12	员工授权	采取措施提高员工的授权和知识水平（如授权、培训、自治团队等）
	13	产品开发	采取措施改进或加快新产品开发过程（如平台设计、产品模块化、部件标准化、并行工程、质量功能配置等）
	14	环境兼容	提高企业的环境兼容性和工作场所的安全与卫生
IMSS' 2005	1	制造能力	扩大制造能力（如购置新机器、招聘新员工、建设新设施等）
	2	过程集中	重组制造过程和布局，以使过程集中和流水化（如建立厂中厂；单元布置等）
	3	拉式生产	实施拉式生产（如降低批量、减少作业交换时间、实施看板系统等）
	4	质量改进	实施质量改进和控制计划（如 TQM、6σ、质量圈等）
	5	设备生产率	实施提升设备生产率的项目（如全面生产维护）
	6	环境绩效	实施提升过程和产品的环境绩效的项目（如环境管理系统，寿命周期分析，为环境设计，环境认证计划）
	7	产品开发	通过诸如平台设计、标准化和模块化提升产品开发和制造能力
	8	组织集成	通过诸如质量功能展开、面向制造设计、面向装配设计、团队、工作轮换、协同选址等提升产品开发和制造部门的组织集成
	9	技术集成	通过如 CAD/CAM 提升产品开发和制造部门的技术集成
	10	自动化	实施工艺自动化项目

调查时间	序号	变量名称	含义解释
IMSS'2005	11	信息通信	应用信息和通信技术和/或企业资源计划（ERP）软件
	12	员工授权	提高员工授权程度和知识水平（如员工授权，培训，自治团队等）
	13	精益组织	实现精益组织（如减少管理层次，扩大管理幅度）
	14	持续改进	系统主动地实施持续改进（如改善、改进团队等）
	15	劳动力弹性	根据竞争战略提高劳动力弹性（如雇佣临时工，兼职，共享职位，可变的工作时间等）
	16	供应战略	反思和重构供应战略，以及供应商的组织和管理（分层网络、捆绑外包、供应商基数削减）
	17	供应商开发	实施供应商开发和卖主分级计划
	18	供应商决策	加强与供应商的计划决策和物料流的协调，包括专门的投资（如外联网、EDI系统），专用的能力、工具、设备，专门的人员等
	19	分销战略	反思和重构分销战略以改变中间层次（如直销、需求汇集、多阶分销等）
	20	客户决策	加强与客户的计划决策和物料流的协调，包括专门的投资（如外联网、EDI系统），专用的能力、工具、设备，专门的人员等

在 IMSS'1993、IMSS'1997、IMSS'2001 与 IMSS'2005 的调查中，由于制造环境、技术、组织等方面的不断变化，制造实践进行的调查项目相互之间也不完全相同。其中，最具有代表性的项目是关于供应链方面，在 1993 年的调查表中几乎没有直接关于这方面的；在 1997 年的调查表中，专门设置了一项来调查企业与客户和供应商之间的沟通程度；在 2001 年的调查表中，关于供应链的调查中，设置了诸多调查项目，但有些还是设为了可选调查项目；在 2005 年的调查中，对供应链的调查设置就更为全面、细致了。因此，我们只能使用不同的制造实践调查项目来进行分析。当然，在不同的时期，具有不同的制造实践，才能说是符合制造实践的发展、变化和不断演进的。

5.3 本章小结

本章在第 4 章建立的制造战略要素关系结构模型的基础上，分析了研究的假设，并对将要使用的研究数据进行了考虑。

（1）分析了研究数据的信度和效度的检验问题，IMSS 的设计和调查过程保证了问卷的信度和内容效度。

（2）对制造战略要素关系结构模型提出了三个基本假设：制造的战略层次要素和执行层次要素在不同环境要素下的差异；制造战略分类下的制造战略差异表明了制造战略选择下竞争优先权与制造实践的匹配关系；制造战略要素关系结构

在不同时点具有不同的表现形式。

（3）对本书实证分析中将要采用的 IMSS 数据库结构及数据库有关的总体指标进行了描述。

（4）析取了 IMSS 中制造战略要素关系结构模型所需的两个要素：战略层次要素（即竞争优先权）和执行层次要素（即制造实践）的所需数据及问卷结构，并对竞争优先权进行了验证性因子分析。

第6章　制造战略要素关系结构模型实证研究

6.1　不同时点的制造战略要素关系结构模型及其参数

6.1.1　1990～2005 年世界制造发展概述

第二次世界大战之后，国际分工的充分发展，使全球每个国家的生产、交换、分配和消费，都成为世界范围内生产、交换、分配和消费过程中的一个有机组成部分。20 世纪 90 年代以后，新科学技术革命的进一步蓬勃兴起和迅速传播，推动了各国广泛地引进和吸收人类共同努力所取得的科技成果，加速了本国经济的发展，从而使国家间的经济联系得到进一步加强。

为了适应世界经济格局多极化的趋势，在未来世界经济格局中占有有利地位，世界上几乎所有的国家和地区都加大了经济调整和改革的力度，以推动本国经济的快速发展。由于新科技革命涉及许多领域，而且投入巨大，需要许多国家共同投入，以及各国的科学家共同协作才能开发，这就使它具有了广泛的国际性。新科技革命对世界经济乃至社会生活的各个方面都产生了巨大影响。就世界经济来说，高科技从根本上改变了人类社会的生产方式，产品设计和工艺加工将更多地依赖计算机。"科学技术是第一生产力"开始成为现实。世界的竞争也已成为以经济为基础，以科技特别是高科技为先导的综合国力的竞争。面对知识经济的挑战，一些大国都纷纷制订自己科学技术的发展计划，力图使自己走在世界前列。

1993 年，美国推出信息高速公路计划后，日本、英国、法国和德国等，也相继制订了类似的计划。美国自 1993 年以来，将科技工作重心从军用转向民用，大力发展信息高速公路等支柱产业。1996 年，美国信息技术产业投资达 2531.5 亿美元，占全球的 41.5%，超过日本、欧洲对信息技术产业投资的总和。日本为了追赶上去，也调整了科技发展战略，1996 年 7 月公布了科技基础计划，进一步提出增加科研投入，强化人才培养和加强独创性的基础研究等新措施。1996 年，日本研究与开发投资达到 15 万亿日元，占日本国内生产总值的 3%。1997 年 12 月，日本政府决定成立教学科学技术省，以适应在科学技术领域的激烈竞争。在欧洲，积极推进科技产业化进程已成为各国科技政策的主旋律，这一点充分反映在欧盟及其成员国目前已在实施的一些科技发展计划上。1997 年 7 月，欧洲联盟委员会公布了《2000 年议程》，提出了"将知识化放在优先地位"的口号。同年底，该委员会又发表了《走向知识化欧洲》的报告，确定了欧洲联盟迈向知识经济时代的基本思路。1996 年 8

月，俄罗斯出台了第一部科技法，即《科学和国家科学技术政策》，通过立法加速
发展其高科技行业，促进科技产业化。1998 年 3 月，俄罗斯政府提出在最近三年内
对科技领域投资 200 亿新卢布的草案，要求俄罗斯科技工作适应生产和市场的需要。
另外，一些发展中国家，如印度、巴西、韩国和新加坡，以及非洲国家等也都加紧
对高新技术进行研究和开发，以争取在世界新科技领域占有一席之地。

　　由于科学技术不断推陈出新，尤其是信息技术的飞速发展，世界制造业也发
生了重大变化。

　　首先，全球化战略已成为各跨国制造公司抢占世界市场的首选战略。全球化战略
是整个公司的产品在全球范围内众多的工厂内生产和销售，人员在全球范围内招聘，
原材料在全球范围内采购。据统计，经济合作与发展组织成员国之间的贸易额近一半
都是由跨国公司内部及其相互之间的贸易构成的。因此，可以说，作为 21 世纪全球经
济活动的主体，跨国公司的战略意图就代表着世界制造业的发展方向和趋势。当然，
这种全球化战略不再等同于过去通过异地生产或销售来占领市场的传统战略。

　　其次，制造业的全球化生产方式发生了新的变化。传统的制造业跨国公司生
产方式有两种：一是以本国为生产基地，将产品销往其他国家；二是在海外投资
建立生产制造基地，在国外制造产品，销售给东道国或其他国家。传统的制造业
跨国公司的特点，一是自己拥有生产制造设施与技术，产品完全由自己制造；二
是在资源的利用上，仅限于利用东道国的原材料、人员或资金等。从 20 世纪 80
年代末开始，由于信息技术革命，管理思想与方法发生了根本性的变化，企业的
组织形式也发生了变化。这些变化在跨国公司，特别是制造业跨国公司中得到了
很好的发展与发挥，并演变成为了新的全球化方式，其主要特征是：广泛利用别
国的生产设施与技术力量，在自己可以不拥有生产设施与制造技术的所有权的情
况下，制造出最终产品，并进行全球销售。制造业全球化方式主要形式有两种：
一种是制造业公司掌握产品设计、关键技术，授权国外生产厂商按其要求生产产
品，自己则在全球建立营销网络；另一种是制造业公司在全球范围内建立零部件
的加工制造网络，自己负责产品的总装与营销。在优先考虑利润最大化、分散风
险、降低成本和适应市场需求变化的情况下，20 世纪 90 年代以来日本、美国、
欧洲国家等跨国制造公司实行了新的分工，在亚洲建立了零部件生产商，加速推
进企业联合和技术合作，还建立了越来越完整的生产、销售和出口的产业链，加
强了发达国家企业和亚洲企业的网络链接。

6.1.2　1990～2005 年制造战略要素关系结构模型总体特征

1. 竞争优先权

　　为便于比较，首先将调查表中的竞争优先权按照前文的验证性因子分析结果

中的成本、质量、交货、柔性、服务五类进行比较，其计算方法用原调查结果的简单算术平均法，如 1993 年，质量=设计与制造质量、交货=(交货速度+交货可靠性)/2、柔性=产品广度；1997 年，质量=(设计质量+制造质量)/2、交货=(交货速度+交货可靠性)/2、柔性=(产品广度+新产品数+订单规模柔性)/3，而成本和服务均只有一个测量项目，故不需变换，余类推。所得结果如图 6-1 所示。

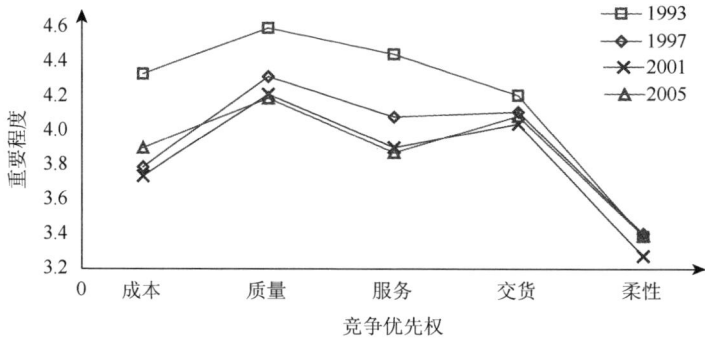

图 6-1　IMSS 竞争优先权的均值比较

　　由图 6-1 可知，除了在 1993 年的调查中竞争优先权得分普遍较高外，其余几次调查结果都表明，成本和柔性相对来说，重要程度最低，而质量的重要程度在历次调查中得分都是最高，从某种角度上来说，这一结果部分支持累积关系模型。从比较结果上看，相对来说，交货这一竞争优先权越来越受到企业的重视和支持。更进一步地，把上面的竞争优先权结果标准化后得到图 6-2，从图 6-2 中更能够清晰地

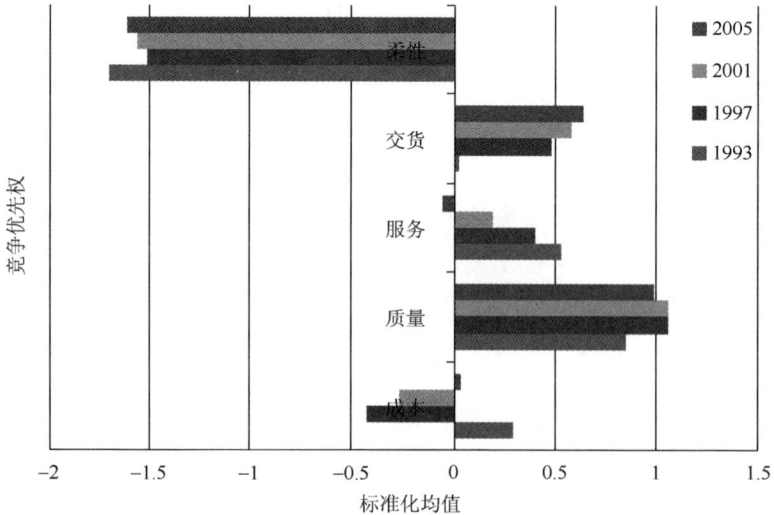

图 6-2　IMSS 竞争优先权的标准化均值比较

看出，成本和柔性的重要程度始终低于平均重要程度；而交货则越来越受到重视；服务正好相反，重视程度越来越低。

在各竞争优先权之间相互关系，用 Spearman 非参数相关分析来判断竞争优先权之间相关关系的强度，得到的结果如表 6-1 所示。

表 6-1　竞争优先权之间的相关系数（双尾检验）

竞争优先权	1993 年	1997 年	2001 年	2005 年
成本-质量	—	—	—	−0.09*
成本-服务	—	—	−0.09*	−0.08*
成本-交货	0.123*	—	—	0.104**
成本-柔性	—	—	—	—
质量-服务	0.156	0.297	0.248	0.235
质量-交货	0.103*	0.311	0.224	0.205
质量-柔性	0.170	0.275	0.262	0.209
服务-交货	0.285	0.306	0.289	0.292
服务-柔性	—	0.210	0.218	0.329
交货-柔性	0.188	0.279	0.261	0.273

*表示显著性水平小于 0.05，**表示显著性水平小于 0.01，其余表示显著性水平小于 0.001

从表 6-1 中可知，成本这一竞争优先权基本上与其他竞争优先权之间没有相关性，这一结果表明，随着第二次世界大战后的发展，企业的规模越来越大，市场范围从区域扩展到全球，企业之间的竞争在经历了长期的价格竞争之后，虽然成本仍很重要，但已经不再居于市场竞争的主导地位。同时，其他竞争优先权之间均显示了较强的正相关关系，表明这些竞争优先权之间有相互促进作用和协同关系，并对企业竞争有正面作用。

2. 制造实践

由于制造实践在每次调查中的变化比较大，因此，本书先考查调查中制造实践排序前 10 位的实践项目，如表 6-2 所示。

从表 6-2 中可以看出，在 20 世纪 90 年代，企业对质量管理、计算机应用、环保等方面的重视程度比较高；21 世纪以后，由于计算机的应用已经得到了普及，对这方面的要求也成了普通需要，但对制造能力方面的重视程度仍较高，对质量改进的重视也较高。

由于制造实践调查项目数量太多，而且有些项目之间具有很大的相似性，为便于分析，用因子分析对制造实践进行因子析取，以找出实施的制造实践之间的

表 6-2 IMSS 制造实践前 10 位排序

1993 年排序	均值	1997 年排序	均值
CAD	3.584 9	ISO9000	3.746 2
健康计划	3.477 6	CAD	3.605 6
工作小组	3.362 0	健康计划	3.563 6
定义战略	3.287 2	MRP	3.217 7
TQM	3.158 6	改善	3.136 5
ISO9000	3.135 9	准时交货	3.130 3
环保计划	3.129 8	环保计划	3.111 8
MRP	3.116 4	LAN	3.106 4
JIT	3.011 9	工作小组	3.058 5
改善	2.977 6	TQM	3.058 0
2001 年排序	均值	2005 年排序	均值
制造能力	3.309 8	过程集中	3.315 1
环境兼容	3.247 5	制造能力	3.246 3
工艺设备	3.235 8	质量改进	3.095 3
质量改进	3.207 1	技术集成	3.030 3
信息通信	3.174 8	信息通信	3.011 9
过程集中	3.050 5	劳动力弹性	2.991 1
员工授权	2.984 1	持续改进	2.924 8
产品开发	2.816 0	产品开发	2.923 8
拉式生产	2.791 3	拉式生产	2.881 2
供应战略	2.790 1	设备生产率	2.864 6

共性和特征。因子析取的依据是由因子分析的特征值、可分析性和因子项目之间的 Cronbach's α 值的大小共同决定的,其结果见附录 I～IV。

从因子分析结果我们可以看出,IMSS 制造实践调查集中在以下几个方面。

(1)质量改进: QFD、QPD、ZDP、TQM、作业成本、改善、标杆瞄准,这也是每次调查中都有的重点调查项目。

(2)服务:环保计划、节能计划、健康安全计划。

(3)生产计划与控制:JIT、DFA/DFM、准时交货、价值分析、拉式生产。

(4)供应商与客户关系:供应战略、供应商的组织和管理、供应商开发和卖主分级计划、供应商协调、分销战略、客户协调。

（5）产品开发技术：MRP、MRP II、厂中厂、CAM、CIM、CAPP、CAE、BPR、CAD、CAT。

（6）自动化技术：自动工具、自动部件、机器人、SMED、AGV、数控、自动存取。

（7）生产组织：员工授权和培训、精益管理、持续改进团队、提高劳动力弹性等。

从这些结果可以看出，IMSS 调查早期侧重于生产实践中使用新的技术手段，如 CAD、CAM、MRP II、数控技术、自动化技术等，随着这些技术在企业中的普遍使用，调查重心转到了对企业制造部门的组织、管理，以及为提高制造生产效率的供应商与客户关系上来，IMSS 调查的这一变化实质上也反映了制造实践的演进和变化过程。

3. 竞争优先权与制造实践的关系

为找出竞争优先权与每一制造实践之间的关系，用逐步回归法进行分析，得到的结果如表 6-3 所示（依赖变量为优先权，独立变量为制造实践），这一方法在制造战略领域广为研究者使用[78, 83, 146]。从表 6-3 中可以看出，在 1993 年的调查中，成本、服务和交货这三个竞争优先权与大多数制造实践的采用有关；而在 1997 年的调查中，质量、服务和柔性这三个竞争优先权与大多数制造实践的采用相关。质量这一竞争优先权要求采用各种质量管理方法，如全面质量管理、改善（持续改进）、自动化技术、扩大制造能力（如购买新机器、雇佣新员工、建设新设施）等有关的实践活动。但 ISO9000 与各竞争优先权的关系却不大，可能是因为它作为一种资格认证，更多地使企业的工作流程、方法、管理手段等方面得到提高。Sun 也认为，相对于其他质量管理方法来说，ISO9000 是更具有争议性的[176]，ISO9000 质量保证体系对质量改进的作用很小。另外，ISO9000 与其他实践之间的相关系数分析结果也表明，它与多数实践之间的相关程度也很小。

表 6-3 竞争优先权与制造实践之间的标准化回归分析结果

项目	实践类型	成本	质量	服务	交货	柔性	F	Sig.	调整 R^2
IMSS'1993	TQM	0.118 7	0.091 8	—	0.125 6	—	7.652 4	0.000 1	0.039 5
	SPC	—	—	—	0.112 9	—	6.314 3	0.012 3	0.010 7
	ISO9000	—	—	—	0.129 1	—	8.102 3	0.004 6	0.014 6
	MRP	—	—	—	—	0.139 5	8.142 8	0.004 5	0.017 1
	MRP II	—	—	0.152 9	—	—	8.861 9	0.003 1	0.020 8

续表

项目	实践类型	成本	质量	服务	交货	柔性	F	Sig.	调整 R^2
IMSS'1993	JIT	—	—	—	0.151 6	—	11.485 6	0.000 8	0.021 0
	准时交货	—	—	—	0.124 7	—	7.360 7	0.006 9	0.013 4
	SMED	—	—	−0.108 9	0.169 2	0.142 9	8.592 0	0.000 0	0.054 4
	拉式生产	—	—	—	0.121 7	—	6.715 8	0.009 9	0.012 6
	ZDP	0.099 1	—	—	0.119 5	—	5.959 5	0.002 8	0.022 8
	CAM	—	—	—	0.156 0	—	10.926 5	0.001 0	0.022 1
	CAD	—	—	—	0.117 0	—	6.944 7	0.008 7	0.011 7
	DFA/DFM	0.150 7	—	—	—	—	9.484 9	0.002 2	0.020 3
	QFD	0.106 9	—	0.127 6	0.105 4	—	7.298 8	0.000 1	0.042 0
	价值分析	—	—	—	—	0.163 0	12.204 1	0.000 5	0.024 4
	QPD	0.147 8	—	0.113 1	0.127 6	—	9.771 0	0.000 0	0.057 5
	厂中厂	—	—	—	0.169 3	—	12.681 6	0.000 4	0.026 4
	定义战略	—	—	—	—	0.131 1	8.097 4	0.004 6	0.015 1
	同步工程	—	—	—	—	—	—	—	—
	作业成本	—	—	—	—	—	—	—	—
	工作小组	—	0.093 6	—	0.140 2	—	8.130 6	0.000 3	0.028 0
	标杆瞄准	0.168 2	—	0.121 6	—	—	9.676 8	0.000 1	0.039 6
	改善	0.113 1	0.108 2	—	0.181 1	—	10.325 0	0.000 0	0.061 1
	TPM	0.170 2	0.127 0	—	—	—	10.075 8	0.000 1	0.042 0
	节能计划	—	—	—	0.107 2	—	5.100 8	0.024 4	0.009 2
	环保计划	—	—	0.155 6	0.099 9	—	10.845 1	0.000 0	0.039 6
	健康计划	—	—	0.193 0	—	—	20.074 9	0.000 0	0.035 4
IMSS'1997	TQM	0.144 2	0.155 7	—	—	—	10.275 9	0.000 0	0.038 0
	SPC	—	0.134 7	—	—	0.102 1	8.431 1	0.000 3	0.031 4
	ISO9000	—	—	—	—	—	—	—	—
	QFD	—	—	0.099 5	—	0.149 7	8.968 9	0.000 2	0.034 6
	QPD	0.133 1	—	0.095 3	—	0.115 7	6.974 2	0.000 1	0.038 5
	ZDP	—	0.147 0	—	—	0.136 0	11.879 2	0.000 0	0.045 5
	标杆瞄准	0.107 6	—	0.142 7	—	0.146 6	9.634 7	0.000 0	0.054 9
	改善	—	0.099 7	0.136 5	—	—	8.884 6	0.000 2	0.033 4
	CAT	—	—	0.104 0	—	0.159 2	10.304 3	0.000 0	0.039 3
	MRP	—	—	0.115 9	—	—	6.273 5	0.012 6	0.011 3

续表

项目	实践类型	成本	质量	服务	交货	柔性	F	Sig.	调整 R^2
IMSS'1997	MRPII	−0.110 1	—	—	—	—	5.585 4	0.018 5	0.010 0
	JIT	—	0.108 7	—	—	0.097 6	6.350 7	0.001 9	0.022 5
	准时交货	—	—	0.159 9	—	—	12.142 6	0.000 5	0.023 5
	SMED	—	—	—	—	0.240 2	25.287 8	0.000 0	0.055 4
	拉式生产	—	—	—	—	0.192 3	16.711 5	0.000 1	0.034 8
	CAE	—	0.099 0	—	—	—	4.314 6	0.038 4	0.007 5
	CAD	—	—	—	—	—	—	—	—
	CAPP	—	—	—	—	—	—	—	—
	数控	—	—	—	—	—	—	—	—
	机器人	—	—	—	—	—	—	—	—
	自动工具	—	—	0.122 3	—	—	6.679 3	0.010 1	0.012 7
	自动部件	—	0.136 5	—	—	—	8.357 7	0.004 0	0.016 4
	自动存取	—	0.103 3	0.171 1	—	—	11.689 7	0.000 0	0.047 5
	AGV	—	0.121 1	—	—	0.133 4	9.112 2	0.000 1	0.036 7
	CAM	—	0.155 8	—	—	—	10.790 5	0.001 1	0.022 0
	CIM	—	0.164 6	0.119 6	—	—	12.346 5	0.000 0	0.050 4
	局域网	—	0.129 7	—	—	—	7.454 9	0.006 6	0.014 6
	广域网	—	0.181 0	0.116 5	—	—	13.118 9	0.000 0	0.055 7
	共享数据	—	—	—	—	—	—	—	—
	DFA/DFM	—	—	0.145 8	—	0.134 6	10.642 5	0.000 0	0.043 9
	同步工程	—	—	0.096 9	—	—	3.939 4	0.047 8	0.007 0
	价值分析	—	—	0.155 4	—	0.136 0	12.058 0	0.000 0	0.047 5
	厂中厂	—	—	—	—	0.115 9	5.759 5	0.016 8	0.011 1
	BPR	—	—	0.157 2	—	0.098 5	9.228 3	0.000 1	0.037 4
	定义战略	—	—	—	—	—	—	—	—
	作业成本	—	—	0.131 7	—	0.134 7	9.808 4	0.000 1	0.038 7
	工作小组	—	—	0.110 4	—	—	5.475 9	0.019 7	0.010 0
	TPM	0.112 2	—	0.146 2	—	—	7.162 6	0.000 9	0.026 7
	节能计划	—	—	0.155 9	—	—	11.152 9	0.000 9	0.022 1
	环保计划	—	0.124 5	0.128 7	—	0.106 1	11.037 1	0.000 0	0.060 8
	健康计划	—	0.107 5	0.214 9	—	—	18.745 0	0.000 0	0.069 9

续表

项目	实践类型	成本	质量	服务	交货	柔性	F	Sig.	调整 R^2
IMSS'2001	工艺设备	0.118 3	0.117 4	—	—	—	5.819 8	0.003 2	0.021 2
	制造能力	—	0.107 2	—	—	0.095 8	5.837 1	0.003 1	0.021 2
	自动化	0.110 7	0.211 0	—	—	—	12.176 3	0.000 0	0.048 5
	信息通信	—	—	0.138 0	—	—	8.429 8	0.003 9	0.016 8
	电子商务	—	—	—	—	0.233 3	25.088 4	0.000 0	0.052 2
	供应战略	—	—	—	—	0.150 0	9.916 2	0.001 8	0.020 2
	外包	0.160 1	0.111 8	0.103 6	—	—	7.270 8	0.000 1	0.041 5
	过程集中	0.124 0	—	0.126 1	—	—	6.204 9	0.002 2	0.023 4
	拉式生产	—	—	0.118 6	—	—	6.138 8	0.013 6	0.011 8
	质量改进	0.153 7	0.200 0	—	—	—	13.760 6	0.000 0	0.054 5
	设备生产率	0.136 6	0.147 2	—	—	0.113 0	8.892 3	0.000 0	0.051 4
	员工授权	—	0.125 4	0.125 0	—	—	8.842 1	0.000 2	0.034 3
	产品开发	—	—	0.172 1	—	0.128 8	12.689 9	0.000 0	0.051 5
	环境兼容	—	0.100 1	—	—	—	4.449 0	0.035 5	0.007 8
IMSS'2005	制造能力	—	0.104 4	—	0.098 4	—	8.006 2	0.000 4	0.021 6
	过程集中	—	—	0.141 1	—	0.135 5	17.259 2	0.000 0	0.048 9
	拉式生产	—	—	—	—	0.198 0	25.430 5	0.000 0	0.037 7
	质量改进	—	0.164 4	—	—	0.107 1	15.057 3	0.000 0	0.043 6
	设备生产率	0.099 3	0.156 1	—	—	0.121 6	12.310 2	0.000 0	0.050 8
	环境绩效	0.078 1	0.089 8	0.118 7	0.076 2	0.131 5	11.663 9	0.000 0	0.078 6
	产品开发	—	0.106 4	0.115 7	—	0.189 2	21.168 4	0.000 0	0.086 9
	组织集成	0.100 3	0.146 4	0.112 0	—	0.121 4	13.644 3	0.000 0	0.073 8
	技术集成	—	0.130 6	0.083 9	—	0.147 1	15.309 7	0.000 0	0.063 9
	自动化	0.096 4	0.131 5	—	0.133 6	—	11.573 2	0.000 0	0.047 5
	信息通信	—	—	—	—	0.174 6	19.813 9	0.000 0	0.029 0
	员工授权	—	0.129 7	0.085 8	—	0.091 3	10.852 2	0.000 0	0.044 2
	精益组织	—	0.094 3	0.103 1	—	—	7.868 2	0.000 4	0.021 2
	持续改进	0.094 5	0.165 9	0.105·1	—	—	11.341 7	0.000 0	0.046 5
	劳动力弹性	—	—	0.113 7	—	—	8.322 6	0.004 0	0.011 4
	供应战略	—	0.115 2	—	—	0.173 0	16.989 8	0.000 0	0.049 6
	供应商开发	0.108 8	0.097 2	0.155 5	—	0.090 6	11.413 7	0.000 0	0.063 4
	供应商协调	0.107 2	0.090 9	0.169 9	—	0.100 3	12.793 2	0.000 0	0.071 3
	分销战略	—	—	0.090 2	—	0.185 1	17.408 1	0.000 0	0.050 7
	客户协调	—	—	—	—	0.193 4	23.282 0	0.000 0	0.035 8

注：回归系数的显著性水平小于 0.05，双尾检验

服务这一竞争优先权在各次调查中的结果都表明，它对企业制造实践的应用有较强的关系；柔性对自动化方面的制造实践始终没有影响，但它与其他制造实践却有较显著的相关关系。交货除了在 1993 年的调查中，与各项制造实践的关系较强外，在其他调查中关系都比较弱，这表明交货这一竞争优先权虽然在调查中显示比较高的重要程度，但对制造实践的实施影响并不大。

质量对制造实践始终有较为显著的影响，原因可能是，一方面，随着日本以质量立国政策所取得的巨大成功，全球的企业都群起响应；另一方面，技术的进步也不断为质量的改进注入新的动机和活力。而成本虽然对企业的作用始终很大，但随着企业管理水平和能力的提升，其对制造实践的影响相对来说却逐渐减弱。服务和柔性对制造实践采用有较强影响，可能是因为随着市场竞争的加剧和客户的消费心理及消费素质的提高，对企业产品的多样化需求及售后服务和支持有更加迫切的要求。交货与制造实践的实施关系不大，可能是因为随着各种新的制造实践的实施和应用，特别是信息技术等方面的新实践的实施，企业的生产水平和能力得到了极大的提高，自动获得更快的交货速度和交货可靠性等，虽然交货这一竞争优先权对企业竞争很重要，但却不再需要对之专门进行投资。

6.1.3　制造战略要素之间关系结构的简要特征

把前文的分析结果用图形表示，得到各次调查制造战略要素关系结构实证结果，即竞争优先权与实践之间关系连接图，并在图中增加组织目标，如图 6-3～图 6-6 所示。

从图 6-3～图 6-6 中，可以清晰地看到，1993 年和 1997 年，IMSS 调查中比较着重对具体制造技术的调查，如全面质量管理、零缺陷计划、准时生产、准时交货、改善（持续改进）、快速换模技术、计算机辅助设计、计算机辅助制造、物料需求计划、制造资源计划、同步工程（并行工程）等。但在 1993 年的制造战略要素关系结构中，没有一项竞争优先权支持同步工程（并行工程）和作业成本法；而 1997 年质量、服务和柔性影响的实践项目比较多。这可能是因为，一方面，在 1993 年时许多实践在企业中的应用还不成熟，对企业竞争的影响集中在有较为直接关系的成本和交货上，而到 1997 年时，这些实践项目在企业中的应用越来越成熟，企业竞争的本质关系更加体现在企业内部管理水平和能力上，因而更多实践的采用体现在为了满足质量、服务、柔性等竞争优先权方面；另一方面，随着时间的推移，在不同市场环境、不同文化背景下，各种新产生的制造实践在部分企业中的成功应用，为其他企业正确应用这些实践提供了参考和借鉴，制造实践的实施对企业竞争优先权的作用也越来越明显。

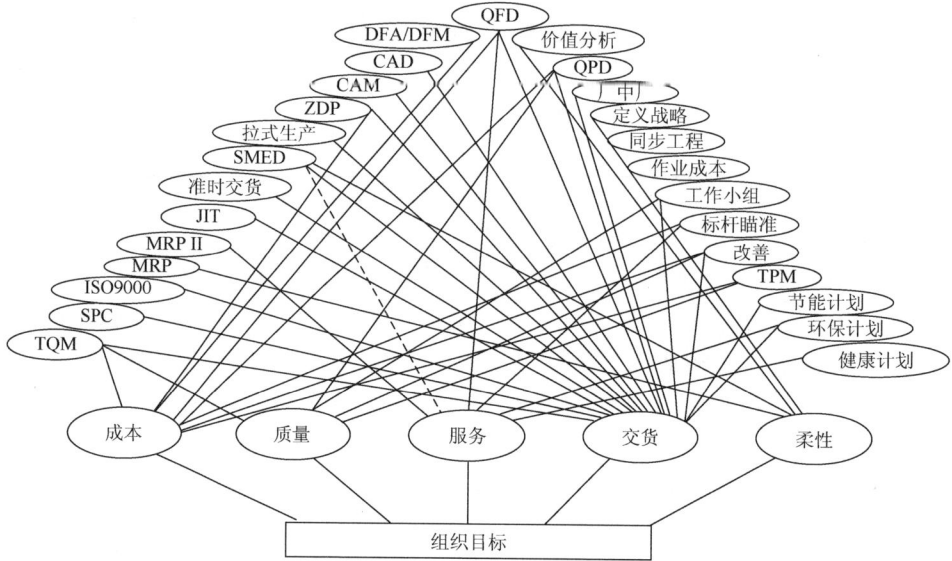

图 6-3　IMSS'1993 制造战略要素关系结构

---- 表示负的影响

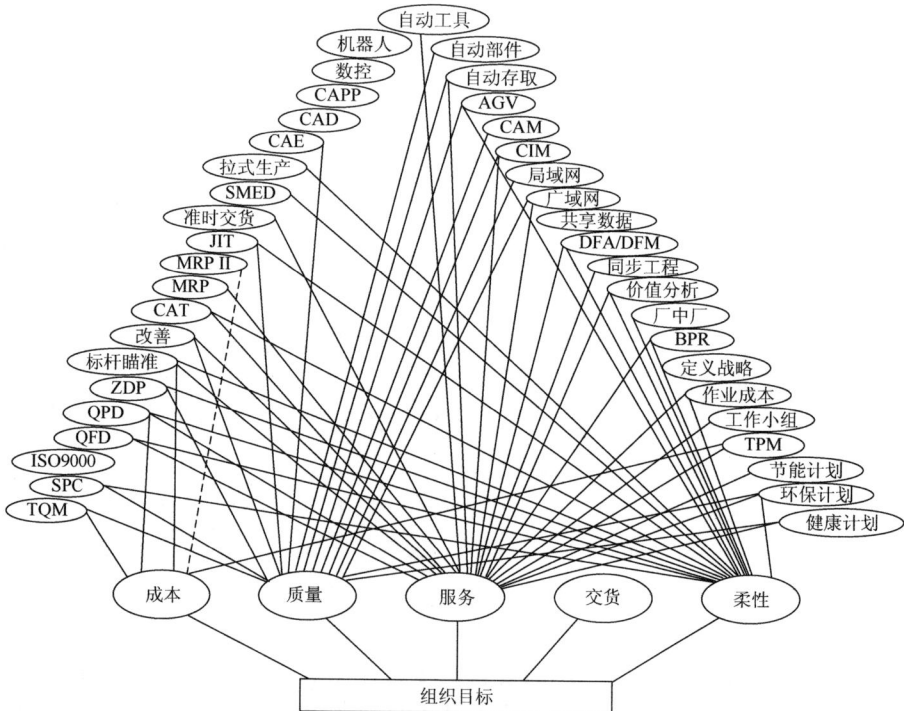

图 6-4　IMSS'1997 制造战略要素关系结构

---- 表示负的影响

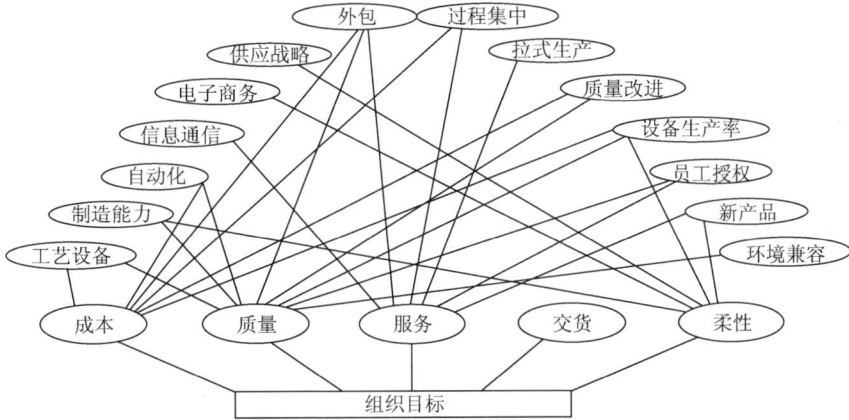

图 6-5　IMSS'2001 制造战略要素关系结构

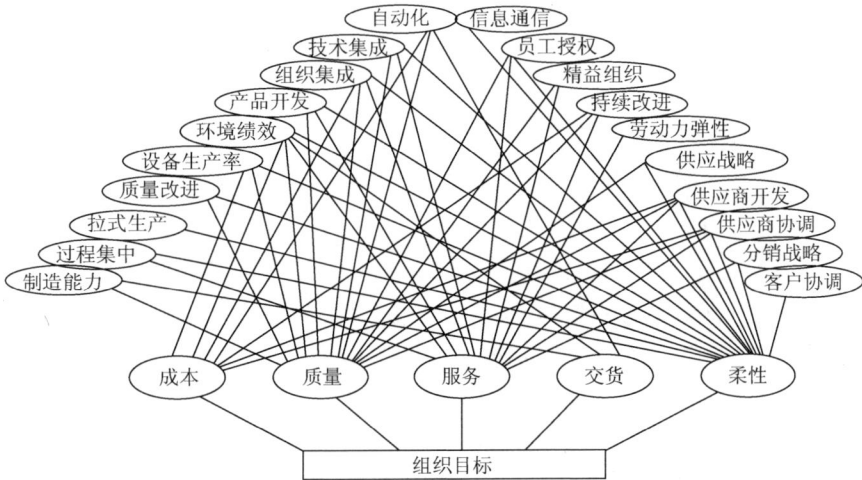

图 6-6　IMSS'2005 制造战略要素关系结构

20 世纪 80 年代以后，各种新产生的制造实践在企业应用日益普及，因此，2001 年以后，IMSS 调查中将制造实践项目进行了归类，与 2005 年的调查相比，2001 年的调查没有精益生产方面的项目，而供应商与客户关系类的调查中，电子商务化可以算是一种，但它也仅是关于企业与客户关系方面的，当然，这也与这一时期供应链管理才刚产生有关系。因此，2001 年与 2005 年的调查中，制造战略要素关系结构表明了，制造实践的变化及其对竞争优先权的影响。

总体来看，质量、服务、柔性三种竞争优先权与制造实践之间的关系始终体现了较强的相关性，特别是各次调查中均有的信息与自动化类实践，始终同质量这一竞争优先权具有较强的相关关系。由于信息与自动化方面的实践需要的投入和对人员素质需求较高，因而在 1997 年数据中，成本对 MRP II 的回归系数为负。一般来说，MRPⅡ在初期实施不是因为考虑到成本这一竞争优先权而运用的，随着员工素质提高和企业在应用自动化技术方面的能力增强，并且对 MRPⅡ后期应用所需增加的投入相对越来越少，因而在后两次调查中成本对 MRPⅡ的回归系数均为正。

6.1.4　制造战略要素关系结构的复合特征

前文的分析中，用回归分析法考虑了竞争优先权分别对每一种制造实践的影响。但有可能多个制造实践同时受到多个竞争优先权的共同影响，而传统的回归分析方法不能解决这一问题。因此，本书建立了竞争优先权与制造实践的结构方程模型。在初始模型中，每一竞争优先权对所有制造实践都有影响，竞争优先权之间也两两相关，以 1993 年的模型为例，如图 6-7 所示。数据带入后，用结构方

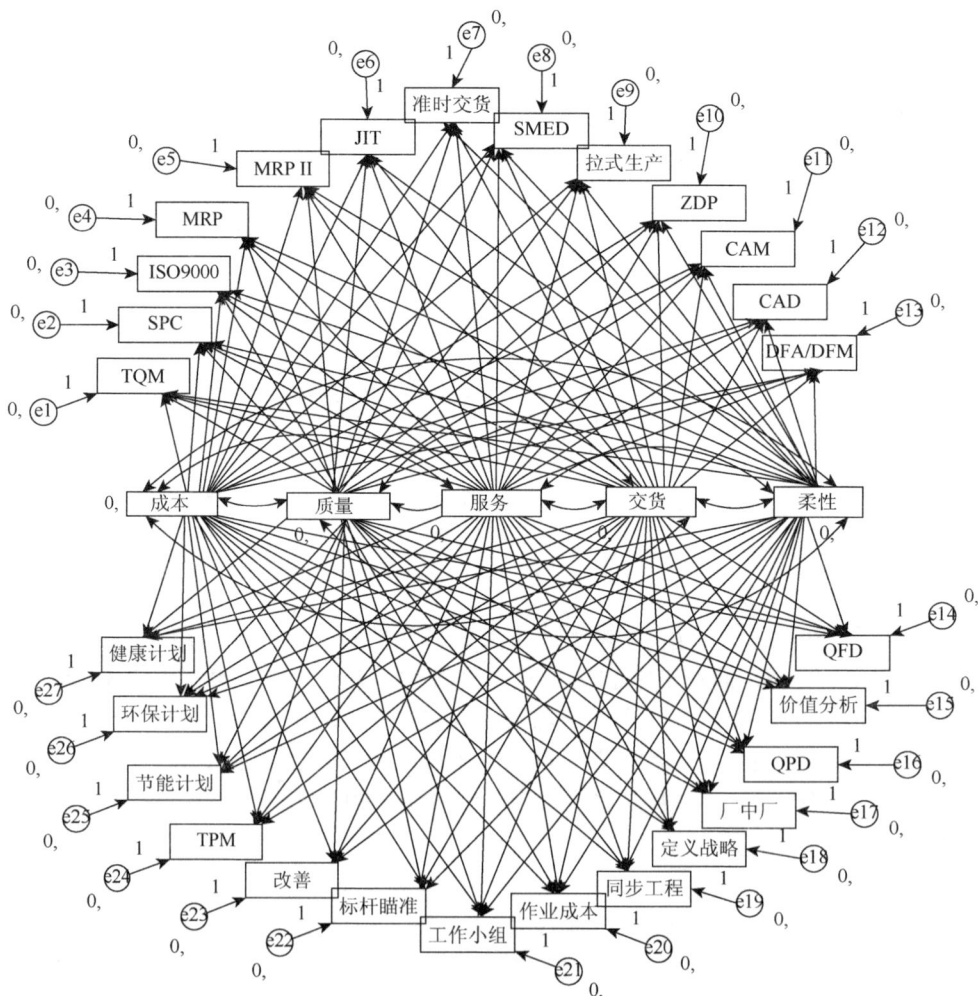

图 6-7　IMSS'1993 制造战略要素关系结构初始模型

程模型软件 AMOS 6.0 进行运算，在初始模型得出的结果中，把回归系数显著性大于 0.05 的路径删除，得到新模型；在新得到的模型运行结果中，再删除回归系数显著性大于 0.05 的路径，这样不断循环，最终得到的模型如图 6-8 所示。这一思路与回归分析中的逐步回归法类似，把不显著的变量剔除以后，可以增强剩下变量参数估计和预测的无偏性与精度[177]，相应的路径系数如表 6-4 所示。同初始模型相比，多数竞争优先权对实践的路径系数没有显著性，已经被删去，并且减少了一个实践项目：作业成本。将之与前面回归分析的结果比较，可以发现：ISO9000 与质量这一竞争优先权路径系数不显著。这一结果与前面回归分析的结果一致，增加了众多对成本和质量与制造实践有显著性的路径系数。

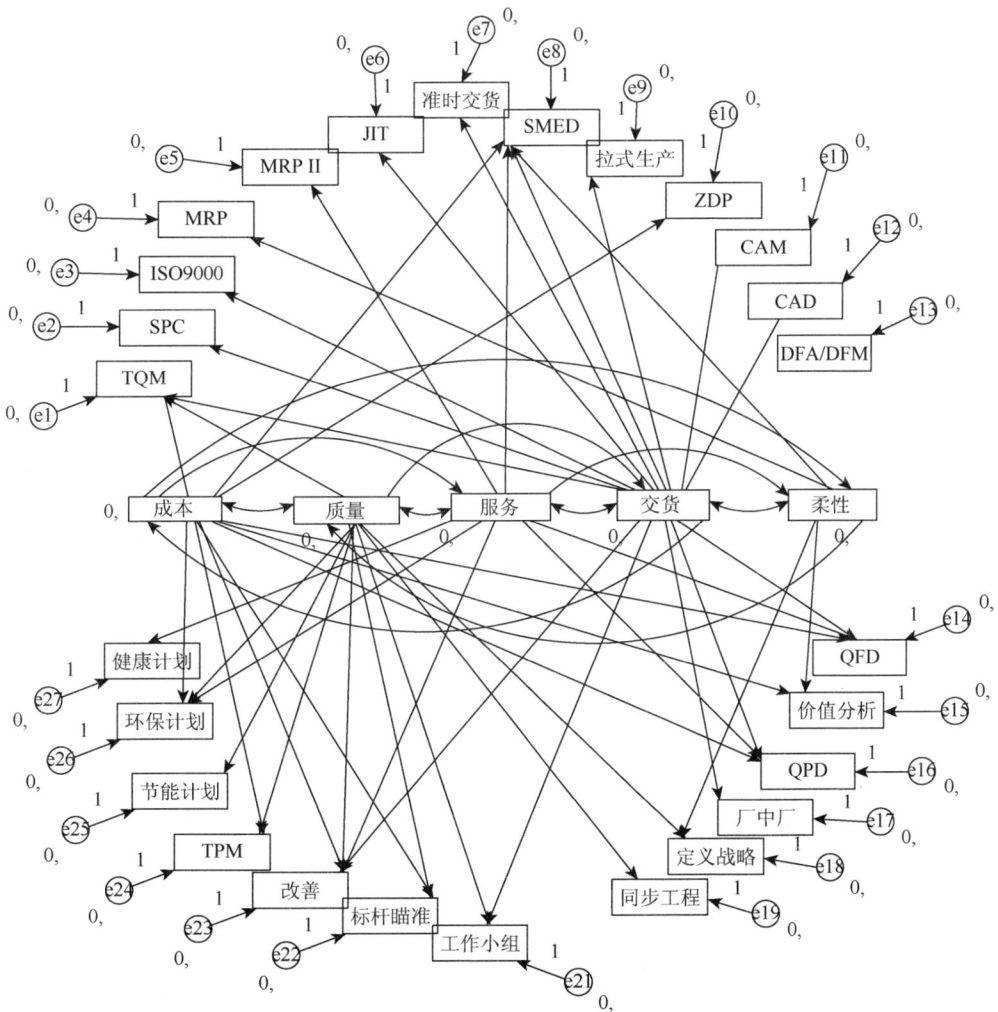

图 6-8　IMSS'1993 制造战略要素关系结构最终模型

用同样的方法，对其余几次调查中的竞争优先权与实践之间也建立结构关系模型，相应的最终路径系数见表 6-4。从表 6-4 中可以看出，1997 年的调查中，ISO9000、CAD、CAPP 和数控同前面一样，与竞争优先权之间没有显著关系，而机器人与竞争优先权之间的关系发生了变化，它与质量和柔性呈正相关关系，而且机器人、自动工具、价值分析与交货呈负相关关系；在 2001 年的调查中，比较突出的是电子商务与成本、拉式生产与成本和质量的正相关关系，虽然其对应的路径相对较小；在 2005 年的调查中，增加了过程集中与成本、过程集中与质量、质量改进与成本、信息通信与成本、信息通信与质量、供应战略与成本、供应战略与服务之间的相关性。

表 6-4　制造战略要素关系结构分析（标准化路径系数）

项目	实践类型	成本	质量	服务	交货	柔性
IMSS'1993 ($\chi 2/df=16.398\ 8$)	TQM	0.276 3	0.295 7	—	0.340 1	—
	SPC	—	—	—	0.521 8	—
	ISO9000	—	—	—	0.611 5	—
	MRP	—	—	—	—	0.426 7
	MRP II	—	—	0.601 2	—	—
	JIT	—	—	—	0.682 8	—
	准时交货	—	—	—	0.603 3	—
	SMED	0.339 9	—	−0.375 8	0.558 4	0.277 7
	拉式生产	—	—	—	0.601 9	—
	ZDP	0.555 2	—	—	—	—
	CAM	—	—	—	0.674 9	—
	CAD	—	—	—	0.553 3	—
	DFA/DFM	0.476 5	0.358 0	—	—	—
	QFD	0.266 6	—	0.320 3	0.306 3	—
	价值分析	0.363 2	—	—	—	0.351 4
	QPD	0.340 7	—	0.263 2	0.319 9	—
	厂中厂	—	—	—	0.717 2	—
	定义战略	—	0.466 8	—	—	0.255 9
	同步工程	—	0.531 2	—	—	—
	作业成本	—	—	—	—	—
	工作小组	—	0.364 1	—	0.468 5	—
	标杆瞄准	0.492 0	0.371 3	—	—	—
	改善	0.203 2	0.263 0	0.175 6	0.316 5	—
	TPM	0.448 8	0.456 9	—	—	—
	节能计划	—	0.570 0	—	—	—
	环保计划	0.209 6	0.282 9	0.416 2	—	—
	健康计划	—	—	0.766 2	—	—

续表

项目	实践类型	成本	质量	服务	交货	柔性
IMSS'1997 （χ2/df=13.597 8）	TQM	0.235 9	0.362 1	—	—	0.304 4
	SPC	—	0.450 4	—	—	0.380 7
	ISO9000	—	—	—	—	—
	QFD	—	0.363 5	—	—	0.457 0
	QPD	0.297 9	—	—	—	0.483 4
	ZDP	—	0.469 9	—	—	0.396 0
	标杆瞄准	0.194 2	—	0.296 7	—	0.391 9
	改善	—	0.263 1	0.300 0	—	0.293 1
	CAT	—	—	—	—	0.703 3
	MRP	—	—	—	—	0.568 4
	MRP II	−0.379 1	—	—	—	0.575 3
	JIT	—	0.374 6	—	—	0.448 5
	准时交货	—	—	0.373 9	—	0.406 2
	SMED	—	0.342 1	—	—	0.520 3
	拉式生产	—	—	—	—	0.690 7
	CAE	—	0.626 1	—	—	—
	CAD	—	—	—	—	—
	CAPP	—	—	—	—	—
	数控	—	—	—	—	—
	机器人	—	0.514 2	—	−0.518 9	0.402 9
	自动工具	—	—	0.618 3	−0.614 4	0.401 1
	自动部件	—	0.479 1	—	—	0.309 9
	自动存取	—	—	0.535 3	—	0.267 0
	AGV	—	0.451 7	—	—	0.362 9
	CAM	—	0.713 2	—	—	—
	CIM	—	0.429 3	0.229 8	—	0.235 3
	局域网	—	0.464 7	—	—	0.308 0
	广域网	—	0.421 1	0.197 8	—	0.296 5
	共享数据	—	—	—	—	0.510 2
	DFA/DFM	—	—	—	—	0.667 2
	同步工程	—	—	—	—	0.493 0
	价值分析	—	0.320 9	−0.369 3	0.409 1	0.476 7

续表

项目	实践类型	成本	质量	服务	交货	柔性
IMSS'1997 (χ2/df=13.597 8)	厂中厂	—	—	—	—	0.601 3
	BPR	—	—	0.416 0	—	0.381 7
	定义战略	—	—	—	—	0.430 2
	作业成本	—	0.273 8	0.257 8	—	0.356 0
	工作小组	—	—	0.537 0	—	—
	TPM	0.232 4	—	0.296 8	—	0.346 9
	节能计划	—	—	0.458 7	—	0.299 3
	环保计划	—	0.325 6	0.279 9	—	0.297 3
	健康计划	—	—	0.537 9	—	0.326 0
IMSS'2001 (χ2/df=31.161 0)	工艺设备	0.256 0	0.565 2	—	—	—
	制造能力	—	0.636 8	—	—	—
	自动化	0.187 6	0.683 4	—	—	—
	信息通信	—	0.368 1	0.367 0	—	—
	电子商务	0.186 8	—	—	—	0.595 6
	供应战略	—	—	0.286 5	—	0.460 0
	外包	0.260 1	0.345 8	0.240 4	—	—
	过程集中	0.245 1	0.409 3	0.227 5	—	—
	拉式生产	0.193 3	0.381 3	0.245 5	—	—
	质量改进	0.237 6	0.630 5	—	—	—
	设备生产率	0.218 1	0.453 9	—	—	0.230 0
	员工授权	—	0.496 9	0.332 8	—	—
	产品开发	—	0.227 9	0.363 8	—	0.277 2
	环境兼容	0.200 1	0.358 5	0.233 6	—	—
IMSS'2005 (χ2/df=31.186 7)	制造能力	—	0.581 3	—	—	—
	过程集中	0.153 1	0.184 9	0.286 9	—	0.271 1
	拉式生产	—	—	—	—	0.678 1
	质量改进	0.185 2	0.671 4	—	—	—
	设备生产率	0.170 2	0.464 6	—	—	0.259 7
	环境绩效	0.160 4	0.250 6	0.251 8	—	0.263 2
	产品开发	—	0.310 2	0.195 6	—	0.406 5
	组织集成	0.147 0	0.365 5	0.162 0	—	0.254 0
	技术集成	0.119 3	0.376 6	0.147 0	—	0.282 7

续表

项目	实践类型	成本	质量	服务	交货	柔性
IMSS'2005 (χ2/df=31.186 7)	自动化	0.175 3	0.376 7	—	0.348 6	—
	信息通信	0.181 5	0.307 1	—	—	0.374 5
	员工授权	—	0.446 9	0.208 8	—	0.203 5
	精益组织	—	0.464 0	0.291 1	—	—
	持续改进	0.174 7	0.675 4	—	—	—
	劳动力弹性	—	—	—	—	—
	供应战略	0.127 1	0.342 4	0.154 6	—	0.288 8
	供应商开发	0.199 2	0.303 2	0.259 6	—	0.164 4
	供应商协调	0.177 5	0.269 0	0.271 8	—	0.201 1
	分销战略	—	—	—	—	0.725 2
	客户协调	—	—	—	—	0.672 4

综合前面 6.1.3 节和 6.1.4 节的结果，可知在不同的时点上，制造战略要素关系结构具有不同的表现形式和内容，第三条假设 3 得到验证。这一结果也表明，企业的制造战略应随着时间等条件的变化而相应地加以改变和调整。

6.2　制造战略要素关系结构模型对企业目标的影响

6.2.1　企业目标及其分类

为了研究制造战略要素的配置关系与企业目标之间的关系，选取一个最典型的企业目标-销售利润率（return of sales，ROS）来进行分析。用 ROS 将所有样本分为两类：绩优企业和绩差企业。分类标准是大于均值的是绩优，反之则是绩差，分类结果如表 6-5 所示。从表 6-5 可以看出，具有 ROS 的样本数量比全部样本少了许多，而且绩优企业的数量要少于绩差企业的数量。

表 6-5　绩优企业和绩差企业的分类结果

项目	1993 年			1997 年		
企业类型	ROS 均值	样本量	标准差	ROS 均值	样本量	标准差
绩差企业	0.837 2	116	4.301 9	2.875 9	177	4.383 2
绩优企业	11.783 5	92	5.370 3	18.564 0	103	15.002 6
全部	5.678 9	208	7.256 7	8.646 9	280	12.322 5

续表

项目	2001 年			2005 年		
企业类型	ROS 均值	样本量	标准差	ROS 均值	样本量	标准差
绩差企业	3.643 2	190	4.887 8	4.701 8	168	4.370 6
绩优企业	19.296 5	123	15.465 3	21.298 9	90	11.511 2
全部	9.794 5	313	12.908 7	10.491 5	258	11.005 2

6.2.2　不同企业目标下制造战略要素差异

　　绩优企业和绩差企业之间在战略要素之间的差异结果如表 6-6、表 6-7 所示。绩优企业与绩差企业之间竞争优先权的均值在总体上差异不大,仅柔性在 1997 年和 2001 年;质量在 2001 年;成本在 2005 年上有 0.05 的显著性水平上有差异。1997 年,绩优企业对柔性的重视程度高于绩差企业,而 2001 年正好相反。2001 年,在质量方面,绩优企业高于绩差企业;2005 年,在成本方面,绩优企业低于绩差企业。

表 6-6　绩优企业与绩差企业竞争优先权均值的差异

企业类型	1993 年					1997 年				
	成本	质量	服务	交货	柔性	成本	质量	服务	交货	柔性
绩差企业	4.396 6	4.594 8	4.413 8	4.230 4	3.465 5	3.862 1	4.232 8	4.040 5	3.985 5	3.331 3
绩优企业	4.260 9	4.538 5	4.380 4	4.137 4	3.413 0	3.660 2	4.318 6	4.058 8	4.113 9	3.566 7
F	1.356 0	0.351 2	0.076 5	0.849 5	0.110 6	2.310 8	0.876 5	0.028 1	1.893 3	5.900 9
Sig.	0.245 6	0.554 1	0.782 4	0.357 8	0.739 8	0.129 6	0.350 0	0.867 1	0.170 0	0.015 8

企业类型	2001 年					2005 年				
	成本	质量	服务	交货	柔性	成本	质量	服务	交货	柔性
绩差企业	3.781 9	4.115 4	3.803 3	4.061 5	3.374 8	3.951 8	4.153 4	3.777 1	4.109 1	3.267 5
绩优企业	3.566 7	4.301 7	3.915 3	4.059 8	3.177 0	3.633 3	4.196 6	3.966 7	4.106 7	3.402 8
F	2.750 7	4.522 1	0.873 0	0.000 3	3.885 9	7.074 6	0.248 2	2.447 2	0.000 7	1.770 2
Sig.	0.098 2	0.034 3	0.350 9	0.985 2	0.049 6	0.008 3	0.618 8	0.119 0	0.978 8	0.184 6

表 6-7　绩优企业与绩差企业之间制造实践均值的差异

年份	实践类型	绩差企业	绩优企业	F	Sig.
1997 年	TQM	2.802 5	3.250 0	5.707 0	0.017 6
	QFD	2.624 2	3.000 0	3.984 1	0.047 1
	准时交货	2.771 6	3.329 8	9.659 8	0.002 1
	自动部件	2.118 4	2.579 5	6.631 6	0.010 6
	DFA/DFM	1.939 6	2.358 0	6.404 3	0.012 1

续表

年份	实践类型	绩差企业	绩优企业	F	Sig.
2001 年	制造能力	3.112 9	3.615 4	12.396 3	0.000 5
	信息通信	3.038 5	3.437 5	6.796 8	0.009 6
	雇员授权	2.844 1	3.182 6	6.516 8	0.011 2
	环境兼容	3.118 3	3.438 6	6.045 5	0.014 5
2005 年	自动化	2.465 8	2.804 6	4.611 7	0.032 7
	精益组织	2.902 4	2.586 2	4.543 4	0.034 0

注：（1）显著性水平为 0.05；

　　（2）1993 年绩优企业与绩差企业的制造实践之间，没有显著差异

与竞争优先权相比，制造实践在 1993 年同样没有显著差异，而其余几次也只有少数实践之间有显著差异。而且制造实践之间的差异还有一个比较有趣的现象：除了 2005 年的精益组织之外，其他所有制造实践的均值都是绩优企业的采用程度要大于绩差企业。

虽然在竞争优先权的重视程度上，不同绩效的企业之间差异不大，但制造实践的采用上，绩优企业要高于绩差企业。这说明绩差企业虽然重视相应的竞争优先权，却在实施制造实践以获取这些竞争优先权方面做得并不好。

6.2.3　不同企业目标下制造战略要素关系结构特征

按照绩优企业和绩差企业分类的制造战略要素关系结构如表 6-8、表 6-9 所示。从表 6-8 中可以看出，在 1993 年时，绩优企业实施多种制造实践以满足成本和质量这两个竞争优先权的需要；在 1997 年时，成本这一竞争优先权反而抑止这些制造实践的实施，这一点从这些制造实践的均值相对较低也可以得到佐证，而柔性反过来却支持这些实践的实施。这也可以认为，从另一个角度证明了竞争优先权之间是需要权衡的。在 1997 年和 2001 年两次调查中，企业为满足成本和质量方面采用的制造实践很少，但到 2005 年的调查中，这一情况在绩优企业中大大改变，众多制造实践都由于成本和质量竞争优先权的需要而实施。在表 6-9 中，对于几乎所有的竞争优先权，绩差企业均有相应的制造实践在实施，而且总体来看，竞争优先权与实践之间的路径系数不大。在 2005 年，绩差企业没有与成本相关的制造实践。

表 6-8　制造战略要素关系结构模型：绩优企业

项目	实践类型	成本	质量	服务	交货	柔性
IMSS'1993 （$\chi^2/\mathrm{df}=6.920\ 4$）	MRP	—	—	0.558 5	—	0.402 3
	MRP II	—	—	—	—	0.680 9
	准时交货	—	—	—	0.843 2	—

续表

项目	实践类型	成本	质量	服务	交货	柔性
IMSS'1993 ($\chi^2/df=6.920\,4$)	拉式生产	0.518 5	—	—	0.421 1	—
	ZDP	0.812 6	—	—	—	—
	CAD	—	0.880 9	—	−0.787 5	0.520 9
	DFA/DFM	0.832 5	—	—	—	—
	价值分析	0.399 8	0.575 4	—	—	—
	厂中厂	0.538 7	—	—	0.384 1	—
	同步工程	0.727 6	—	—	—	—
	标杆瞄准	0.747 4	—	—	—	—
IMSS'1997 ($\chi^2/df=6.130\,9$)	ISO9000	−0.648 0	—	—	—	—
	QFD	—	—	—	—	0.822 1
	QPD	0.714 4	—	—	—	—
	标杆瞄准	—	—	—	—	0.674 8
	MRP II	—	—	−0.7250	—	—
	JIT	—	—	—	—	0.675 6
	拉式生产	−0.524 0	—	—	—	0.879 2
	数控	—	0.870 9	−0.6892	—	−0.471 3
	机器人	—	—	—	−0.906 8	—
	自动工具	—	—	—	−0.830 4	—
	自动存取	−0.764 0	—	—	—	0.871 1
	AGV	−0.610 8	—	—	—	0.876 0
	DFA/DFM	−0.582 8	—	—	—	—
	环保计划	—	0.897 5	—	—	—
	健康计划	—	0.830 8	—	—	—
IMSS'2001 ($\chi^2/df=28.433\,7$)	信息通信	—	—	0.7879	—	0.764 0
	设备生产率	—	—	—	0.535 4	0.342 6
IMSS'2005 ($\chi^2/df=5.852\,6$)	过程集中	—	—	—	−0.782 7	—
	拉式生产	0.777 4	—	—	—	—
	质量改进	—	0.677 2	—	—	—
	组织集成	—	—	—	−0.738 5	—
	自动化	—	—	—	—	0.767 0
	信息通信	—	0.633 1	—	—	—
	员工授权	—	0.682 5	—	—	0.287 5

续表

项目	实践类型	成本	质量	服务	交货	柔性
IMSS'2005 (χ^2/df=5.852 6)	精益组织	—	0.847 7	—	—	—
	持续改进	—	0.878 0	—	—	—
	供应战略	—	0.843 2	—	—	—
	供应商开发	0.647 0	—	—	—	—
	供应商协调	0.697 4	—	—	—	—
	分销战略	0.600 5	—	—	−0.814 2	—

表 6-9　制造战略要素关系结构模型：绩差企业

项目	实践类型	成本	质量	服务	交货	柔性
IMSS'1993 (χ^2/df=5.458 6)	TQM	—	—	—	0.889 4	—
	ISO9000	—	−0.705 8	—	0.895 2	—
	MRP II	—	0.465 0	0.491 6	—	—
	SMED	—	0.520 5	—	0.439 3	—
	CAM	—	—	—	0.826 3	−0.382 8
	CAD	—	0.770 6	—	—	—
	DFA/DFM	—	—	—	—	−0.513 4
	QFD	0.459 7	—	—	0.507 0	—
	QPD	0.826 0	—	—	—	—
	定义战略	—	0.813 0	—	—	—
	同步工程	—	—	—	—	−0.538 3
	作业成本	0.829 9	—	—	—	—
	工作小组	—	—	—	0.802 3	—
	标杆瞄准	—	—	—	0.836 5	−0.323 2
	改善	0.450 7	—	—	0.499 0	—
	TPM	0.830 7	—	—	—	—
	节能计划	—	0.924 4	—	—	—
	环保计划	—	0.852 7	—	—	—
IMSS'1997 (χ^2/df=7.217 1)	TQM	0.773 4	—	—	—	—
	ISO9000	—	—	—	0.498 7	—
	QFD	0.419 1	—	0.474 8	—	—
	QPD	0.431 3	—	0.500 4	—	—
	标杆瞄准	0.750 4	—	—	—	—

续表

项目	实践类型	成本	质量	服务	交货	柔性
IMSS'1997 (χ^2/df=7.217 1)	CAT	—	—	—	—	0.705 5
	MRP II	—	—	0.753 4	—	—
	CAE	—	0.669 5	—	—	—
	数控	—	—	—	—	−0.509 9
	自动部件	—	—	—	0.747 9	—
	自动存取	—	—	0.757 1	—	—
	AGV	0.495 6	—	—	—	—
	CIM	0.535 3	—	—	—	—
	局域网	—	0.609 2	—	—	—
	广域网	0.515 1	—	—	—	—
	共享数据	—	—	0.743 4	—	—
	价值分析	0.310 6	—	0.566 7	—	—
	TPM	0.707 3	—	—	—	—
	节能计划	—	—	0.743 0	—	—
	健康计划	—	—	0.840 0	—	—
IMSS'2001 (χ^2/df=14.588 2)	制造能力	—	0.453 7	—	—	0.389 6
	信息通信	0.311 8	0.304 1	0.301 3	—	—
	电子商务	0.599 2	—	—	—	—
	供应战略	—	—	0.406 8	—	0.365 0
	外包	0.405 5	—	—	—	0.455 9
	过程集中	0.374 3	—	0.461 2	—	—
	拉式生产	—	—	0.746 4	−0.824 6	—
	质量改进	0.365 6	0.475 8	—	—	—
	设备生产率	0.441 3	—	0.748 0	−0.495 4	—
	雇员授权	—	0.724 0	—	−0.571 0	—
	产品开发	—	—	0.562 9	−0.544 0	0.615 6
	环境兼容	0.379 0	—	0.418 8	—	—
IMSS'2005 (χ^2/df=12.298 5)	拉式生产	—	—	—	—	0.560 6
	质量改进	—	—	—	—	0.728 7
	设备生产率	—	0.849 9	—	—	—
	环境绩效	—	—	—	—	0.681 9
	产品开发	—	—	0.242 8	—	0.680 1

续表

项目	实践类型	成本	质量	服务	交货	柔性
IMSS'2005 ($\chi^2/df=12.2985$)	组织集成	—	—	—	—	0.840 5
	技术集成	—	0.401 9	—	—	0.532 0
	持续改进	—	—	0.663 7	—	—
	供应战略	—	—	—	—	0.698 1
	供应商协调	—	0.589 2	0.312 2	—	—
	分销战略	−0.636 3	—	—	—	0.725 8
	客户协调	—	—	—	−0.428 7	—

综合表 6-8 和表 6-9，我们可以发现绩优企业在各次调查中均表现出一个共同的特征：仅有两到三个竞争优先权与众多制造实践正相关。而绩差企业差不多在所有竞争优先权上，都有制造实践与之正相关。换句话说，绩优企业采用的制造实践集中支持两到三个竞争优先权，而绩差企业则样样兼顾。另外，在所有具有显著差异的制造实践之间的应用上，两类企业与竞争优先权之间的路径也有明显不同。最重要的是，绩优企业和绩差企业在竞争优先权与制造实践之间的路径系数上，基本上没有一致之处，也许，正是由于两类企业在竞争优先权与制造实践之间的关系上的不同，即为了获得相应的制造竞争优先权，企业采取的制造实践之间的差异导致了其绩效差异。

6.3　制造战略要素关系结构模型在不同分类下的特征

在 6.2 节的结果中发现，绩优企业采用的制造实践集中支持部分竞争优先权而不是全部，本节考查所有的竞争优先权以对全部企业进行分类，在不同的制造战略分类下，制造战略要素关系结构的差异。分类的方法采用层次聚类法（hierarchical cluster analysis），其距离测量采用 Ward's 方法，根据分类结果中的树状图（dendrogram）和凝聚系数（agglomeration），按照 SPSS 分析的结果将全部样本分为三类，每一类都具有相似的战略层次的制造特征，其分类结果如表 6-10 所示。

表 6-10　IMSS 数据分类及其样本量

分类	1993 年		1997 年		2001 年		2005 年	
	样本量	比例/%	样本量	比例/%	样本量	比例/%	样本量	比例/%
1	106	18.21	177	34.84	130	27.31	194	29.26
2	178	30.58	156	30.71	201	42.23	181	27.30
3	298	51.20	175	34.45	145	30.46	288	43.44
合计	582	100.00	508	100.00	476	100.00	663	100.00

6.3.1　制造战略分类及其特征

　　先用竞争优先权对制造战略进行分类，再将分类的均值进行排序，分类的排序及类之间均值的方差分析结果，如表 6-11 所示。从表 6-11 中可看出，在 IMSS 各次调查中，按照竞争优先权可得到三种制造战略类型：第一类强调成本和质量，最不重视柔性；第二类强调质量和服务，最不重视成本；而第三类均较为重视，除了 1993 年之外，在其余各年份基本上为三类中最大的均值（或者与最大均值无显著差异）。因此，我们仿照 Miller 和 Roth 的提法，把第一类称为看守者，第二类称为市场者，第三类称为创新者[23]。

表 6-11　制造战略分类结果

项目	竞争优先权	第一类		第二类		第三类		F 值（Sig.）
IMSS'1993	成本							30.730 6
	类均值	**4.570 5**	(2,3)	4.084 9	(1)	4.028 1	(1)	
	类中排序	1		5		3		(0.000 0)
	质量							8.000 4
	类均值	4.560 4	(2)	**4.820 8**	(1,3)	4.511 2	(2)	(0.000 4)
	类中排序	2		2		1		
	服务							10.057 5
	类均值	4.359 1	(2)	**4.754 7**	(1,3)	4.398 9	(2)	(0.000 1)
	类中排序	3		3		2		
	交货							30.354 1
	类均值	4.337 2	(3)	**4.396 2**	(3)	3.873 6	(1,2)	(0.000 0)
	类中排序	4		4		4		
	柔性							638.919 4
	类均值	3.577 2	(2,3)	**4.877 4**	(2,3)	2.162 9	(1,2)	(0.000 0)
	类中排序	5		1		5		
IMSS'1997	成本							364.727 2
	类均值	4.231 6	(2)	2.500 0	(1,3)	**4.365 7**	(2)	(0.000 0)
	类中排序	1		5		4		
	质量							92.353 9
	类均值	3.796 6	(2,3)	4.522 4	(1)	**4.608 6**	(1)	
	类中排序	2		1		1		(0.000 0)
	服务							200.986 1
	类均值	3.282 5	(2,3)	4.403 8	(1,3)	**4.600 0**	(1,2)	(0.000 0)
	类中排序	4		2		2		

续表

项目	竞争优先权	第一类		第二类		第三类		F 值（Sig.）
IMSS'1997	交货							60.054 3
	类均值	3.751 4	(2,3)	4.073 7	(1,3)	**4.500 0**	(1,2)	(0.000 0)
	类中排序	3		3		3		
	柔性							28.783 0
	类均值	3.114 9	(2,3)	3.354 7	(1,3)	**3.735 2**	(1,2)	(0.000 0)
	类中排序	5		4		5		
IMSS'2001	成本							415.804 2
	类均值	**4.592 3**	(2,3)	2.741 3	(1,3)	4.413 8	(1,3)	(0.000 0)
	类中排序	1		5		3		
	质量							67.937 6
	类均值	3.650 0	(2,3)	4.328 4	(1,3)	**4.513 8**	(1,3)	(0.000 0)
	类中排序	3		1		1		
	服务							24.356 8
	类均值	3.384 6	(2,3)	**4.139 3**	(1,3)	3.931 0	(1,3)	(0.000 0)
	类中排序	4		2		5		
	交货							37.972 6
	类均值	3.750 0	(3)	3.915 4	(3)	**4.417 2**	(1,2)	(0.000 0)
	类中排序	2		3		2		
	柔性							120.370 0
	类均值	2.664 1	(2,3)	3.197 3	(1,3)	**3.944 8**	(1,3)	(0.000 0)
	类中排序	5		4		4		
IMSS'2005	成本							425.670 7
	类均值	4.097 9	(2,3)	2.712 7	(1,3)	**4.493 1**	(1,3)	(0.000 0)
	类中排序	1		5		1		
	质量							28.582 0
	类均值	3.914 9	(2,3)	**4.392 3**	(1)	4.258 7	(1)	(0.000 0)
	类中排序	2		2		4		
	服务							396.204 8
	类均值	2.768 0	(2,3)	**4.397 8**	(1)	4.298 6	(1)	(0.000 0)
	类中排序	4		1		2		
	交货							32.656 6
	类均值	3.786 1	(2,3)	4.071 8	(1,3)	**4.298 6**	(1,3)	(0.000 0)
	类中排序	3		3		2		
	柔性							38.041 2
	类均值	3.067 4	(2,3)	3.333 3	(1,3)	**3.661 7**	(1,3)	(0.000 0)
	类中排序	5		4		5		

注：括号中数字表示与其他类在 0.05 的水平上有显著差异，粗体数字表示三个类中最大的类均值

6.3.2 制造战略分类下的制造实践差异分析

在三种制造战略类型下，各次调查的制造实践均值结果如图 6-9 所示。从图 6-9

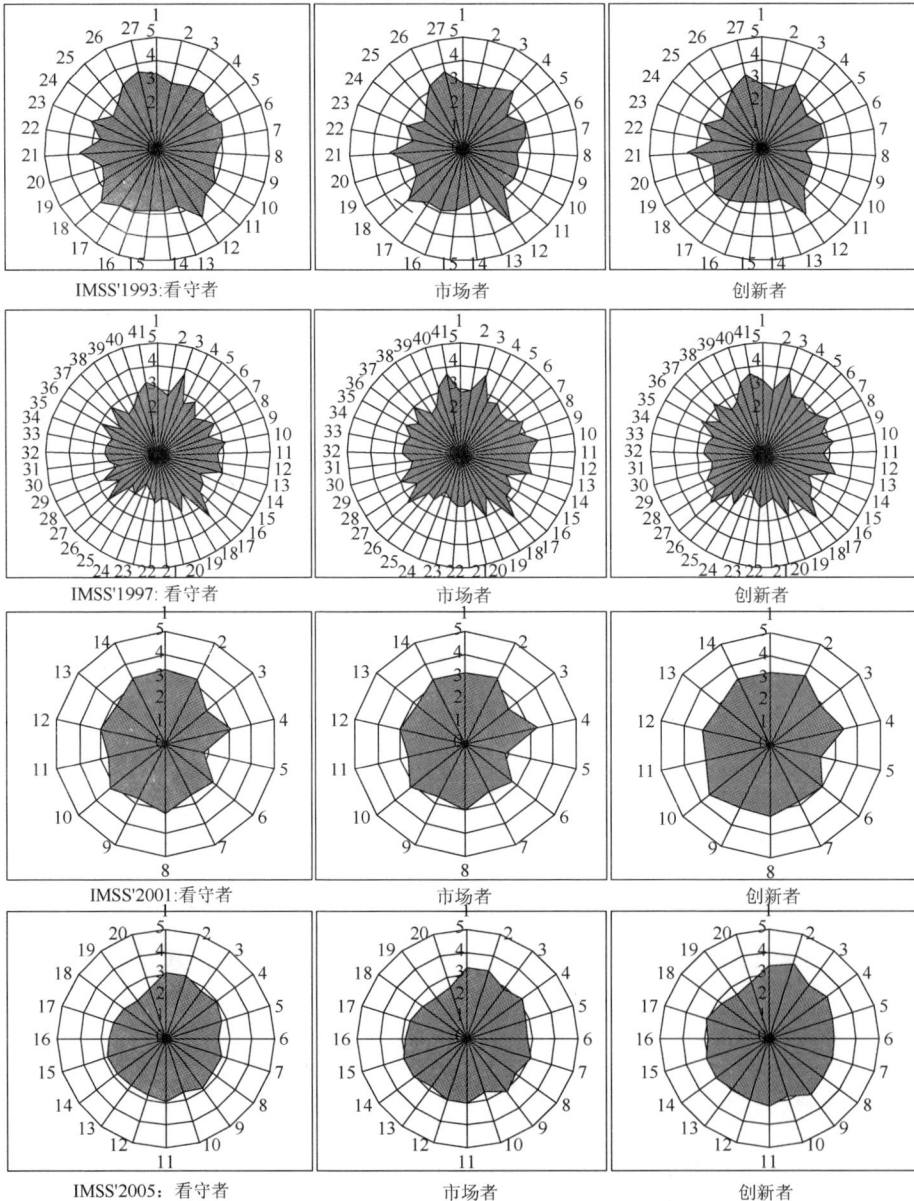

图 6-9　各制造战略分类下制造实践差异[*]

图中数字分别表示各实践项目的编号，其具体含义参见表 5-5

中可知，看守者的制造实践采用程度总体低于其余两类，而创新者的制造实践采用程度总体来说最高。但比较奇怪的是，三类之间在制造实践的采用程度上从图形上看居然很相似，这可能是因为随着世界经济一体化，企业能够通过各种方式，快速地采用世界上最先进企业的运行模式。因此，企业之间制造实践的采用程度近似，但由于企业的基础、文化背景、原有层次等方面的差异，造成制造实践在实施水平上的不同。

三种制造战略类型下制造实践的方差分析结果（参见附录 V）表明，三类制造实践在每类中排名前几位的差别不大，在 1993 年和 1997 年均有的调查项目中，在 DFA/DFM 上，第一类与第二、第三类有显著差异；在 2001 年和 2005 年均有的调查项目中，在质量改进上，第一类与第三类有显著差异，在设备生产率上，第一、第二类与第三类有显著差异。总的说来，第一类在多数制造实践上与第三类有显著差异，这一结果说明看守者战略和创新者战略确实有很大的差异。

6.3.3　不同制造战略分类下的要素关系结构特征

利用前文的结构关系模型，对三个制造战略类分别进行运算，得到如表 6-12 所示的结果。从表 6-12 中可知，看守者类企业偏重于少数制造实践，其中竞争优先权对部分制造实践的路径系数为负，并且这些制造实践与竞争优先权的路径系数比较分散，说明看守者类企业在如何实施制造实践以获取制造竞争优先权上没有较为一致的做法；而市场者类和创新者类企业则在两到三个竞争优先权与多数制造实践之间的路径系数具有显著性。这一结果与前面的分析正好一致，也正好再次验证了 Miller 和 Roth 的结果[23]。

市场者类和创新者类企业之间的不同，表明企业可以在制造战略的实施上选择采用不同的方式来达到自身的目的，但实施不同的制造战略却应当与其相应的战略目标一致，这一结果也正好验证了第二条假设 H2 的成立。

表 6-12　不同制造战略类型对制造战略要素关系结构的影响

年份	类别	成本	质量	服务	交货	柔性
1993	类 1	MRP II、JIT	TQM*、CAD、DFA/DFM、QPD、定义战略、作业成本、工作小组、TPM	MRP II*、JIT、准时交货、QFD、QPD、定义战略、标杆瞄准、改善、环保计划*、健康计划	厂中厂	QPD*、同步工程
	类 2	TQM、JIT、标杆瞄准、TPM	SPC、SMED*、拉式生产*、价值分析、改善	—	TQM、JIT、准时交货、SMED*、ZDP、CAM*、DFA/DFM、QFD、价值分析、QPD、厂中厂、定义战略、同步工程、工作小组、标杆瞄准、改善*	环保计划*

续表

年份	类别	成本	质量	服务	交货	柔性
1993	类3	JIT、QFD、QPD、标杆瞄准、准时交货	TQM、标杆瞄准、改善	MRP II	TQM、ISO9000、CAM、工作小组、改善	JIT、QFD、价值分析、厂中厂、工作小组
1997	类1	ISO9000*、自动工具*、自动部件*	TQM、环保计划	准时交货、自动工具、健康计划	标杆瞄准*、CAE*、AGV*、价值分析*	广域网、作业成本
	类2	CAE、CAM、CIM	SPC、CAE、数控、机器人、自动部件、自动存取、AGV、CAM、CIM、局域网、广域网、共享数据、价值分析、厂中厂、作业成本、环保计划、健康计划	QPD、标杆瞄准、自动存取、AGV、局域网、广域网、共享数据、同步工程、价值分析、BPR、定义战略、节能计划、环保计划、健康计划	—	QFD、ZDP、标杆瞄准、改善、CAT、MRP II、JIT、SMED、拉式生产、AGV、DFA/DFM、价值分析
	类3	MRP II*、CAE*	TQM、SPC、ISO9000、SMED、CAD、CAPP、局域网、广域网、BPR	ISO9000、标杆瞄准、CAT、MRP、MRP II、CAPP、自动存取、CIM、局域网、价值分析、BPR、定义战略、工作小组、环保计划、健康计划	SMED*、机器人*、广域网	SMED、拉式生产、CAPP*
2001	类1	—	工艺设备、制造能力、外包、质量改进、设备生产率、产品开发	自动化*	—	制造能力
	类2	工艺设备、信息通信	自动化、雇员授权	外包、过程集中、拉式生产、设备生产率、产品开发、环境兼容		制造能力、外包、产品开发
	类3	拉式生产、质量改进	自动化、信息通讯、拉式生产、质量改进、设备生产率、雇员授权、环境兼容	电子商务、雇员授权、产品开发	—	电子商务、供应战略
2005	类1	拉式生产*、技术集成*	—	工艺集中、产品开发、组织集成、技术集成、环境绩效、供应商协调、分销战略	组织集成、自动化	员工授权、拉式生产、产品开发、环境绩效
	类2	员工授权、持续改进、产品开发、技术集成、供应战略	员工授权、制造能力、产品开发、技术集成、设备生产率	技术集成*	制造能力、自动化	
	类3	员工授权*、精益组织*、质量改进、供应战略、分销战略*、自动化、客户协调*	员工授权、精益组织、持续改进、工艺集中、产品开发、组织集成、技术集成、质量改进、设备生产率、供应战略、供应商协调、分销战略、客户协调、自动化	组织集成、技术集成、供应商开发、供应商协调、分销战略	—	制造能力、拉式生产、产品开发、技术集成、分销战略、客户协调、信息通信

*表示负相关，其余为正相关，显著性水平为 0.05

6.4　分析和讨论

从前文的结果中可以看出，不论是从总体上，还是在不同企业目标和不同分类条件下，质量几乎都是最受重视的竞争优先权。这表明随着 20 世纪 80 年代以来，日本和德国制造企业在全球市场上的强势竞争实力，使全球的企业都开始重视提高产品质量。质量这一竞争优先权与制造实践之间的结构关系也支持这一结果。但从另外几种竞争优先权来说，绩优企业更加强调质量、服务和交货，而在成本的重视程度上比绩差企业更低，这说明绩优企业在制造的战略层面上聚焦于相对较少的竞争优先权。而对成本的重视程度较低，很可能是因为绩优企业在降低成本方面的管理努力先于绩差企业，已经不需要特别重视降低成本所带来的竞争优势，或者是在降低成本上的努力方面已经达到了一个较高的高度，很难更进一步降低成本了。

在制造实践上，21 世纪以前的制造行动更多地着眼于产品开发技术（如 CAD、MRP）、生产计划与控制（如 JIT、准时交货）和对社会的责任（如环保计划、健康安全计划）等方面，而 21 世纪以后转向了扩大制造能力（如购买新机器、建设新设施等）和实施质量改进与控制计划（如 TQM、6σ 等）。制造实践实施上的这一转变，说明企业从对局部制造行动计划的渐进改变，逐步转向了从企业整体范围来考虑对制造部门的实践行动进行更新。虽然在三种不同分类的制造战略下，企业之间对制造实践的采用结构比较近似，但从不同类型企业对制造实践的采用的对比来看，正如 Miller 和 Roth 的提法：看守者类（第一类）仅满足于达到最低的竞争标准[23]，其制造实践的采用程度也大大低于创新者类（第三类）的采用程度（参见附录 V）。而不同绩效下的企业的结果也佐证了这一点，绩优企业更早地比绩差企业重视和实施 TQM 与制造能力，具体参见表 6-7。

在制造战略要素之间关系结构上，与质量始终是最受重视的竞争优先权相一致，历次调查的结果都表明多数制造实践的采用都是为了满足质量这一竞争优先权。而且，不论是对绩优企业还是绩差企业来说，实施相应的制造实践以提高质量都是始终如一的，这说明随着竞争的加剧，质量确实成为了企业在全球市场上通行的必要保证。任何企业的资源都是有限的，因而，总体来说，虽然每一种竞争优先权对制造部门都很重要，但多数企业的选择却是，将大多数制造实践的投资应用在支持两到三个竞争优先权的实现上。

绩优企业与绩差企业之间的比较结果说明，如果企业执着于实施制造实践以在所有竞争优先权上达到企业期望的目标，反而效果会不好，三种制造战略分类的结果也证实了这一点。但这一结果可能是因为有些制造实践的采用在满足一种竞争优先权的同时抑止了另一种竞争优先权，这从另一个方面表明了竞争优先权之间需要权衡。

6.5　本　章　小　结

本章依据 IMSS 数据库，对制造战略要素关系结构在 20 世纪 90 年代以来的总体变化进行了实证分析，得到的结果主要有以下几方面。

（1）总体来看，质量这一竞争优先权始终最受到企业的重视，其次是交货，而且除成本之外，其他竞争优先权之间均显示了较强的协同关系。制造实践方面，在 20 世纪 90 年代，企业对质量管理、计算机应用、环保等方面的重视程度比较高；到 21 世纪以后，由于计算机的应用已经得到了普及，对这方面的要求也成了普通需要，但对制造能力方面的重视程度较高，对质量改进与控制的重视也较高。同时，对 IMSS 数据库的分析也表明，IMSS 调查早期侧重于生产实践中使用新的技术手段，而随着这些技术在企业中的普遍使用，调查重心转到了对企业制造部门的组织、管理，以及为提高制造生产效率的供应商与客户关系上，IMSS 调查的这一变化，实质上也是反映了制造实践的演进和变化过程。

（2）竞争优先权与实践之间的回归分析表明，质量对多数制造实践的采用有影响；服务和柔性对制造实践的采用也有较强的关系；成本对制造实践的采用影响很小；而交货对制造实践的实施关系并不大。

（3）使用结构方程进行分析的结果也表明，质量、服务、柔性三种竞争优先权与制造实践之间的关系始终体现了较强的相关性，特别是各次调查中均有的信息与自动化类实践，始终同质量这一竞争优先权具有较强的相关关系。

（4）绩差企业虽然同绩优企业一样重视相应的竞争优先权，但在实施制造实践以获取这些竞争优先权方面做得并不好。对制造战略要素关系结构的分析表明，绩优企业采用的制造实践集中支持两到三个竞争优先权，而绩差企业则比较分散。绩优和绩差企业在竞争优先权与实践之间的路径关系上的差异，导致了其绩效差异。

（5）将全部企业按竞争优先权分为了三类，结果表明，看守者类的制造实践采用程度总体低于其余两类，而创新者类的制造实践采用程度总体来说最高。但三类之间在制造实践的采用程度上，从图形上看始终很相似，三类的制造实践在每类中排名前几位的差别也不大。

（6）制造战略分类结果表明，看守者类企业偏重于少数制造实践，其制造实践与竞争优先权的路径系数比较分散；而市场者类和创新者类企业则在两到三个竞争优先权上与多数制造实践之间的路径系数具有显著性。

第7章 制造战略要素关系结构模型在不同环境要素下的变化与特征

企业的经营活动是在一定的环境下开展的，在不同的环境影响下，企业往往会采取不同的能够适应环境的经营策略，企业的制造战略要素关系结构必然也会受到环境的影响。本章就不同环境要素影响下的制造战略要素关系模型结构的变化进行研究。

由于环境因素众多，不可能一一加以研究，综合考虑 IMSS 数据库的特点、研究的可行性、环境因素在决定制造战略要素关系结构中的重要性等因素，选择以下环境因素进行研究。①企业所处区域。这一环境因素实际上决定了企业的文化背景、生活习惯、地理位置等方面。②企业规模。通常来说，规模越大，企业的竞争能力越强，技术水平和管理的规范化程度相应也越高。③企业所处经济发展层次。经济发展通常都要经过比较长的时期，才能从低层次发展为高层次，这一过程实际上也是企业整体水平包括制造领域逐步提高的过程。这三个方面都对制造战略要素关系结构有比较大的影响，选取这三个环境因素，可以更好地了解制造战略要素关系结构的变化和发展。

7.1 区域环境对制造战略要素关系结构模型的影响

IMSS 调查在全球范围内可以分为四个大的区域：北美、南美、欧洲和亚太。其中，亚太区域包括中国、韩国、日本、澳大利亚和新西兰，而以色列地理位置、文化背景等方面更靠近欧洲，所以放在欧洲区域。这四个区域既是世界上最主要的几大经济体，又是最具代表性的几种不同的经济环境。由于 IMSS 调查的发起者为伦敦商学院的 Chris Voss 教授和瑞典的 Per Lindberg 教授，调查主要在欧洲国家进行，开始时调查的欧洲国家主要分布在北欧、南欧和西欧，在 2001 年后才扩展到东欧国家。其余区域所占样本比例虽然相对较少，但在每次调查中均有国家参与，特别地，中国从 1997 以来连续三次参与了该项目的调查。几个区域的样本数量分布如表 7-1 所示。

表 7-1 IMSS 各次调查中区域样本分布

区域	1993 年	1997 年	2001 年	2005 年
北 美	126	70	14	61
南 美	75	66	49	88

续表

区域	1993 年	1997 年	2001 年	2005 年
欧 洲	343	276	425	478
亚 太	56	141	70	82
合 计	600	553	558	709

7.1.1 不同区域环境下竞争优先权的变化与特征

不同区域环境下竞争优先权的均值对比如表 7-2 所示。从总体上看，欧洲在各竞争优先权上的重视程度始终差不多都是最低的，北美则在柔性上重视程度最低。而各区域最重视的优先权始终是质量，可见，质量这一竞争优先权在企业竞争优势上占有的绝对地位，日本在 20 世纪 80 年代以来通过质量立国，在全球市场上的竞争强势对这一点做了极好的证明。各区域除了在 1993 年的调查中，对各竞争优先权的排序相差不太大之外，其余年份的调查结果则相差较大。比较有趣的一点是，北美和亚太在 1997 年的调查结果中，与南美和欧洲在质量、服务和交货上分成了两个层次：北美和亚太基本一致，南美和欧洲基本一致。另外，比较值得注意的是，南美在 2005 年的调查中，极为重视交货，亚太地区则极为不重视成本。

表 7-2 不同区域环境下竞争优先权均值对比

年份	竞争优先权	北美		南美		欧洲		亚太		F	Sig.
1993	成本	4.29	4(2)	**4.63**	2(1,3)	4.25	3(2)	4.52	2	5.29	0.001 3
	质量	4.67	1	4.69	1	4.52	1(4)	**4.75**	1(3)	3.60	0.013 4
	服务	4.50	2	**4.55**	3	4.40	2	4.45	3	1.03	0.380 2
	交货	**4.31**	3	4.28	4	4.16	4	4.16	4	1.74	0.159 3
	柔性	**3.62**	5(3)	3.45	5	3.31	5(1)	3.25	5	2.51	0.057 6
1997	成本	3.67	4	**4.16**	2(3)	3.65	4(2,4)	3.95	4(3)	5.50	0.001 0
	质量	**4.53**	1(3)	4.17	1	4.20	1(1,4)	4.49	1(3)	8.04	0.000 0
	服务	**4.36**	2(2,3)	3.91	4(1,4)	3.93	3(1,4)	4.31	2(2,3)	9.33	0.000 0
	交货	**4.26**	3(3)	4.03	3	4.06	2(1)	4.18	3	2.21	0.086 0
	柔性	3.35	5	3.33	5	3.31	5(4)	**3.65**	5(3)	5.50	0.001 0
2001	成本	**4.00**	3	3.83	4	3.70	4	3.83	4	0.71	0.551 9
	质量	**4.61**	1	4.30	1	4.14	1(4)	4.50	1(3)	6.59	0.000 2
	服务	4.07	2	4.02	3	3.84	3(4)	**4.17**	3(3)	2.44	0.063 7
	交货	3.86	4	4.14	2	4.01	2	**4.17**	2	1.50	0.213 7
	柔性	2.87	5	3.26	5	**3.30**	5	3.23	5	1.11	0.343 7

续表

年份	竞争优先权	北美		南美		欧洲		亚太		F	Sig.
	成本	**4.13**	3(4)	3.76	4	3.97	3(4)	3.44	5(1,3)	8.70	0.000 0
	质量	4.21	1	**4.26**	2	4.18	1	4.13	1	0.53	0.664 9
2005	服务	3.93	4	4.05	3(3)	3.79	4(2,4)	**4.12**	2(3)	4.01	0.007 6
	交货	4.19	2	**4.33**	1(3,4)	4.04	2(2)	3.98	3(2)	4.90	0.002 2
	柔性	3.26	5	3.46	5	3.39	5	**3.48**	4	1.07	0.359 7

注：括号中数字表示与其他区域在 0.05 的水平上有显著差异；1 表示北美，2 表示南美，3 表示欧洲，4 表示亚太；粗体数字表示三个组中最大的组均值

7.1.2 不同区域环境下制造实践的变化与特征

不同区域环境下制造实践的均值对比如图 7-1 所示。从 1993 年和 1997 年的结果看，北美和亚太区与南美和欧洲区在全面质量管理、拉式生产、改善、环保计划几方面在 0.05 的水平上有显著差异，整体上来看，北美和亚太基本一致、南美和欧洲基本一致，这一点与前文在竞争优先权上几个区域之间的关系类似。北美与亚太在全面生产维护、质量政策配置和标杆瞄准上差异最大，而且都是亚太高于北美。南美和欧洲在 CAD 和 ISO9000 上差异最大，而且都是南美高于欧洲。相对来说，北美更强调质量改进和拉式生产，南美更强调质量改进和制造能力，欧洲更强调制造能力和信息通信，亚太更强调制造能力和员工授权。

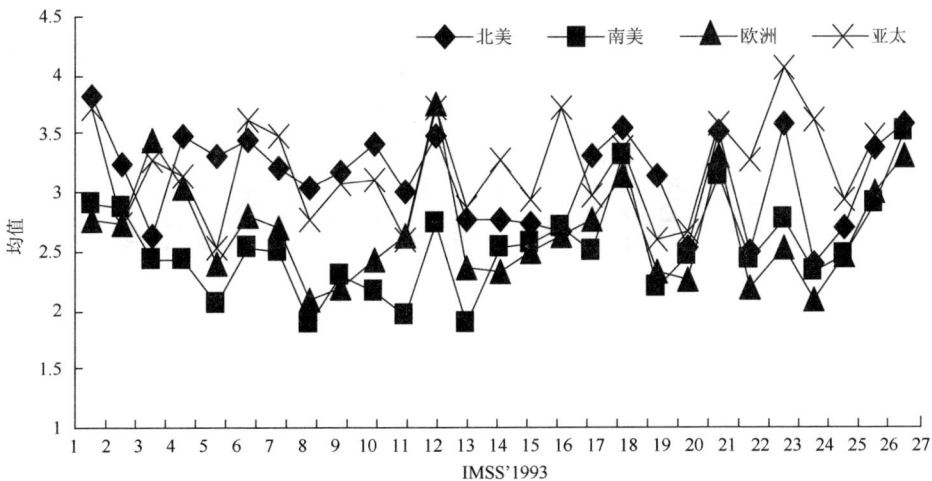

IMSS'1993

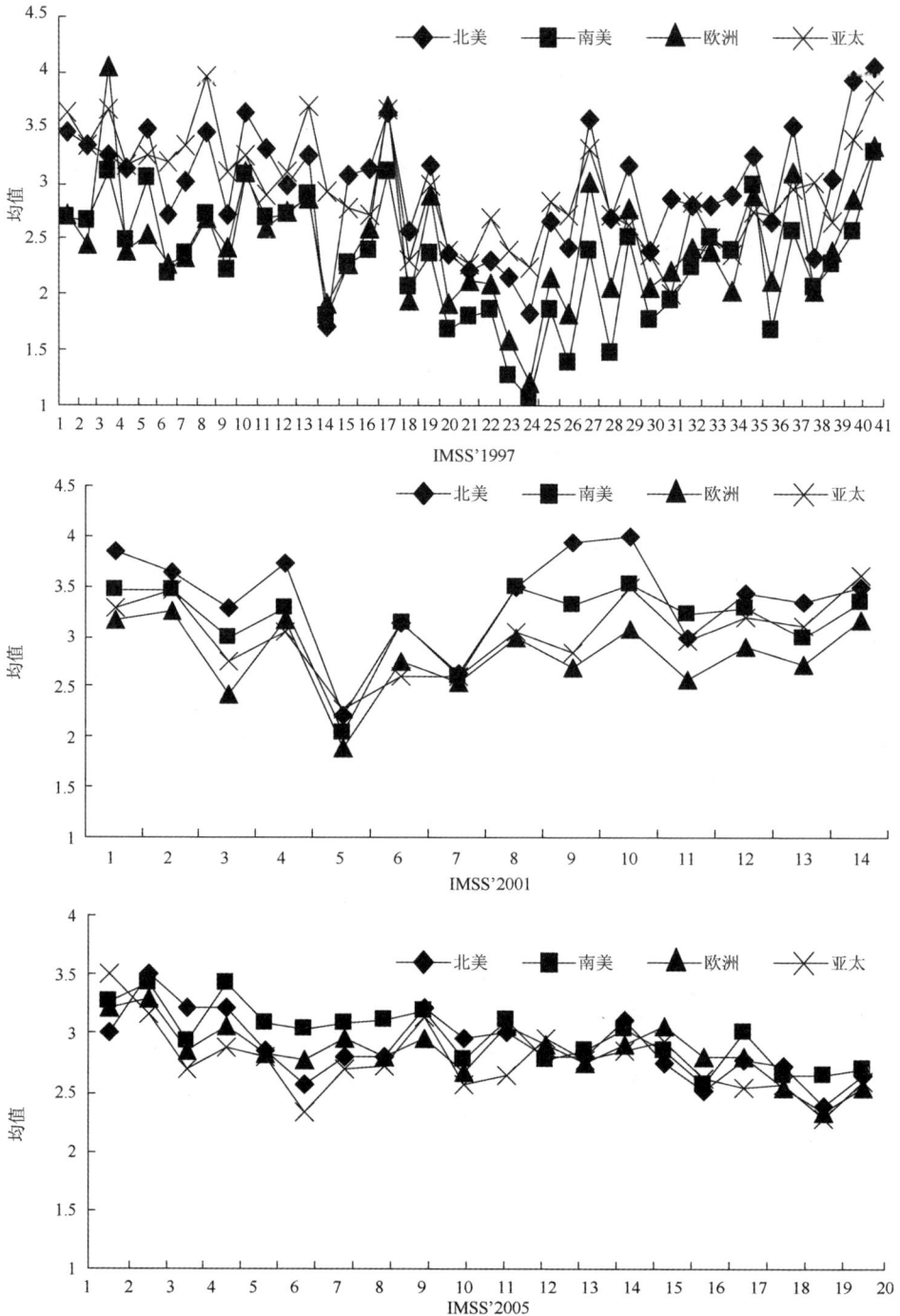

图 7-1　不同区域环境下制造实践均值对比*

图中横坐标数字分别表示各实践项目的编号，其具体含义参见表 5-5

7.1.3 不同区域环境下要素关系结构的变化与特征

由于在欧洲之外的其他地区的样本数量较少，因此，将欧洲之外的几个区域合并为一个进行讨论，而这几个区域正好位于环太平洋周围（简称环太区），在不同区域环境下要素关系结构如表 7-3 所示。

表 7-3 不同区域环境对制造战略要素关系结构的影响

年份	区域	成本	质量	服务	交货	柔性
1993	欧洲	TQM*、ZDP、DFA/DFM、QFD、QPD、标杆瞄准	工作小组、改善、TPM	ISO9000、MRP II、准时交货、SMED*、ZDP、QFD、QPD、标杆瞄准、健康计划	JIT、SMED、CAM、CAD、QFD、QPD、厂中厂、定义战略、工作小组、改善、TPM	同步工程
1993	环太	TQM、ZDP、DFA/DFM、QFD、QPD、标杆瞄准	CAD、DFA/DFM、QPD、健康计划	MRP、准时交货*、CAD、环保计划、健康计划	SPC、ISO9000、CAM	MRP、JIT、准时交货、价值分析、定义战略、同步工程
1997	欧洲	TQM、QFD、QPD、标杆瞄准、CIM、广域网、DFA/DFM、价值分析、BPR	共享数据	准时交货、DFA/DFM、价值分析、BPR、节能计划、健康计划	JIT、准时交货、拉式生产、自动部件、环保计划	SPC、标杆瞄准、CAT、SMED、DFA/DFM、价值分析、定义战略
1997	环太	CAT*、MRP*、MRP II*、自动部件、自动存取*、AGV*、CIM*、DFA/DFM*、BPR*、作业成本*、节能计划*	SPC、ISO9000、QFD、ZDP、改善、JIT、准时交货、SMED、拉式生产、CAPP、自动部件、AGV、CAM、CIM、局域网、广域网、DFA/DFM、价值分析、厂中厂、作业成本、环保计划、健康计划	SPC、标杆瞄准、CAE、CAD、机器人、自动工具、自动存取、同步工程、价值分析、作业成本、工作小组、TPM、节能计划	SPC*、JIT*、准时交货*、SMED*、拉式生产*、CAE*、CAD*、CAPP*、机器人*、自动工具*、AGV*、共享数据*、同步工程*、价值分析*、TPM*、节能计划*	除"CAE、CAD、CAPP、机器人、自动存取、同步工程、定义战略、工作小组、节能计划"之外
2001	欧洲	工艺设备、外包、过程集中、质量改进、设备生产率、环境兼容	工艺设备、制造能力、自动化、信息通信、过程集中、质量改进	除"制造能力、自动化、电子商务"之外	—	电子商务、供应战略、外包、产品开发
2001	环太	工艺设备、制造能力、外包、拉式生产、设备生产率、产品开发	工艺设备、过程集中、质量改进、设备生产率、雇员授权	工艺设备*、供应战略*	—	电子商务、供应战略、设备生产率、产品开发

年份	区域	成本	质量	服务	交货	柔性
2005	欧洲	质量改进、设备生产率、环境绩效、持续改进、供应战略、供应商开发、供应商协调	质量改进、设备生产率、产品开发、组织集成、技术集成、员工授权、精益组织、持续改进、供应战略	过程集中、质量改进、环境绩效、产品开发、员工授权、精益组织、供应战略、供应商开发、供应商协调	自动化	过程集中、拉式生产、设备生产率、环境绩效、产品开发、组织集成、技术集成、自动化、信息通信、供应战略、供应商开发、分销战略、客户协调
	环太	产品开发、组织集成、自动化、劳动力弹性、供应商开发	除"制造能力、过程集中、劳动力弹性、分销战略"之外	环境绩效、技术集成、供应商开发、供应商协调	—	过程集中、拉式生产、产品开发、信息通信、供应战略、分销战略、客户协调

*表示负相关，其余为正相关，显著性水平为 0.05

由表 7-3 可看出，欧洲与环太平洋区域的要素关系明显不同。在 1993 年，欧洲区域在服务和交货上对制造实践的影响较为突出，环太区域对制造实践的影响则比较分散；1997 年，欧洲区域对制造实践的影响分散，但环太区域在成本和交货上对制造实践几乎全部为负的影响，在质量、柔性和服务上对多数制造实践有正的影响；2001 年，欧洲区域在服务上对制造实践有较为明显的影响，而环太区域在服务上对制造实践有负的影响；2005 年，在服务和柔性上，欧洲相对来说对更多的实践项目有影响，在成本上，二者的侧重点有所区别。

总的说来，在 20 世纪 90 年代，欧洲区域质量对制造实践的影响很低，但交货对制造实践的正影响较高；而环太区域几乎正好相反，质量对制造实践的影响很高，交货对制造实践的负影响很高。进入 21 世纪后，欧洲和环太区域在交货上都对制造实践几乎没有影响，不过欧洲区域在服务上对制造实践有较大的影响。

7.2 企业规模对制造战略要素关系结构模型的影响

企业规模大小通常可以划分为大型企业、中型企业和小型企业三类，但在具体如何划分上，各国的标准并不一致，有的以产量为标准，有的以销售额为标准，有的以职工人数为标准，也有的以固定资产价值为标准。中国国家经济贸易委员会、计划委员会、财政部和国家统计局，2003 年联合颁布的《统计上大中小型企业划分办法（暂行）》规定企业规模分类主要根据企业从业人员数、销售额和资产总额三个标准来确定。但在国际上，多采用按职工人数进行企业规模划分，通常从业人数在 1～99 人的为小企业，100～499 人为中等企业，500 人以上为大企业。由于小企业数量相对较少，因而本书中将小企业和中等企业合并为一类——中小企业，并且在大多数国家，中小企业面临的各种环境和大企业也有显著的不同，因而，按照这一标准来划分，其研究结果的现实意义也将更为明显。IMSS 数据库中不同规模企业的样本容量见表 7-4。

表 7-4　不同规模企业的样本容量

年份	企业类型	样本量	比例/%	均值	标准差
1993	中小企业	334	58.49	235.143 7	122.890 2
	大型企业	237	41.51	1 360.198 3	1 238.464 9
	合计	571	100.00	—	—
1997	中小企业	291	54.39	206.811 0	125.135 5
	大型企业	244	45.61	3 560.373 0	7 632.566 1
	合计	535	100.00	—	—
2001	中小企业	390	71.96	179.423 1	123.444 4
	大型企业	152	28.04	2 853.223 7	8 032.646 0
	合计	542	100.00	—	—
2005	中小企业	518	74.43	175.204 6	117.767 1
	大型企业	178	25.57	1 817.488 8	2 850.537 0
	合计	696	100.00	—	—

7.2.1　不同企业规模下竞争优先权的变化与特征

不同企业规模下竞争优先权之间的比较如表 7-5 所示。从表 7-5 中可见，大型企业在所有年份全部竞争优先权上的重视程度都要高于中小企业。而且双方在质量方面在 0.05 的水平上始终有显著差异，在服务方面，除 1993 年在 0.1 的水平上有显著差异之外，其余年份在 0.05 的水平上也有显著差异，但双方在交货这一竞争优先权方面在统计意义上完全没有差异。

比较有趣的是，虽然中小企业和大型企业在质量和服务方面的差异程度较大，却随时间变化对其重视程度越来越低。而大型企业对柔性的重视程度却逐渐增强，中小企业在 1993～2001 年对柔性的重视程度越来越低；在 2001 年的调查中双方在柔性上重视程度的差异达到最大；在 2005 年的调查中，中小企业对柔性的重视程度明显增强。

表 7-5　不同企业规模下制造竞争优先权均值对比

年份	企业类型	成本	质量	服务	交货	柔性
1993	中小企业	4.248 5	4.509 0	4.380 2	4.179 8	3.362 3
	大型企业	4.436 4	4.720 3	4.508 6	4.243 4	3.448 3
	F	6.998 5	14.493 9	3.451 7	1.066 4	0.788 2
	Sig.	0.008 4	0.000 2	0.063 7	0.302 2	0.375 0

年份	企业类型	成本	质量	服务	交货	柔性
1997	中小企业	3.750 9	4.243 0	3.940 4	4.094 4	3.344 4
	大型企业	3.814 3	4.405 1	4.244 8	4.150 2	3.488 9
	F	0.452 3	6.754 6	16.076 1	0.803 9	3.851 2
	Sig.	0.501 5	0.009 6	0.000 1	0.370 4	0.050 3
2001	中小企业	3.657 0	4.131 2	3.830 1	4.025 9	3.165 7
	大型企业	3.958 0	4.399 3	4.057 6	4.079 9	3.518 8
	F	8.166 7	13.766 3	5.134 5	0.554 0	16.940 6
	Sig.	0.004 4	0.000 2	0.023 9	0.457 0	0.000 0
2005	中小企业	3.885 2	4.147 9	3.829 7	4.072 9	3.333 8
	大型企业	3.925 3	4.293 1	4.034 7	4.132 9	3.571 3
	F	0.215 6	6.153 1	5.932 8	0.904 5	11.903 2
	Sig.	0.642 6	0.013 4	0.015 1	0.341 9	0.000 6

7.2.2 不同企业规模下对制造实践的变化与特征

不同企业规模下制造实践对比如图 7-2 所示。除了在 1993 年关于 ISO9000 的调查中，中小企业要高于大型企业之外，其余所有制造实践的调查都是大型企业采用的程度要高于中小企业。并且除 1993 年之外的所有年份的调查中，大型企业对制造实践的采用程度在 0.05 的显著性水平上都要高于中小企业；而在 1993 年，近一半制造实践的采用程度在 0.1 的显著性水平上要高于中小企业。

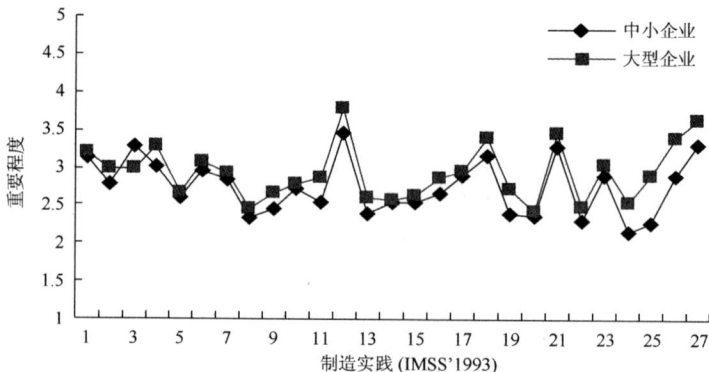

图 7-2 不同企业规模下制造实践对比（横轴：制造实践 (IMSS'1993)；纵轴：重要程度）

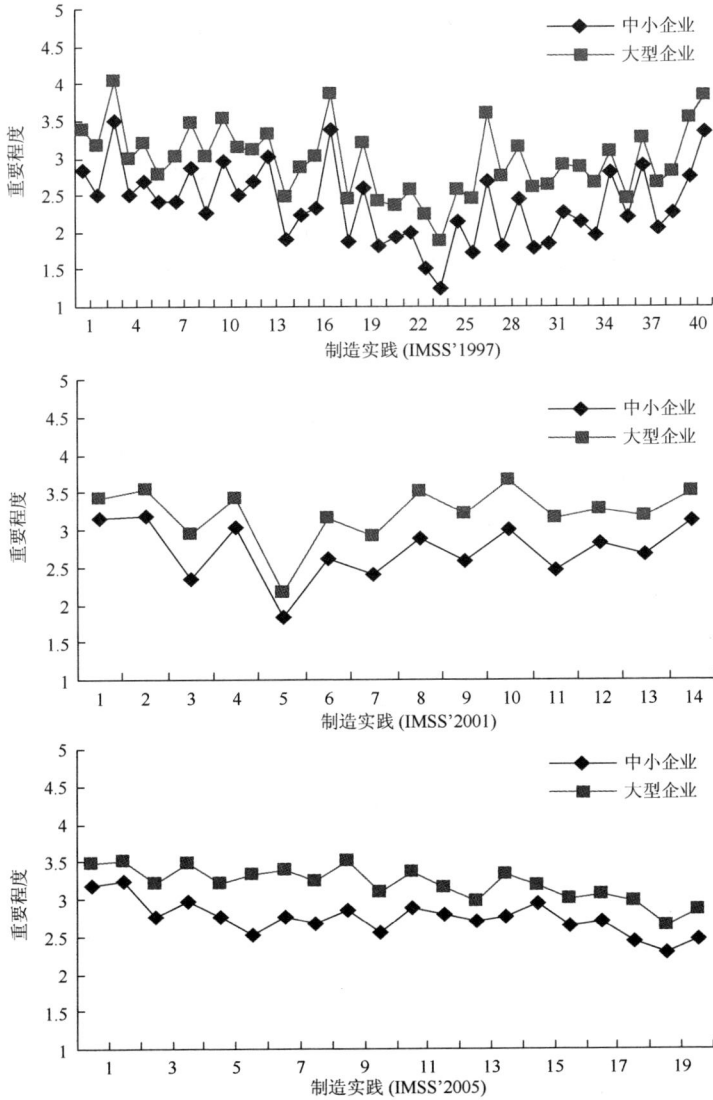

图 7-2 不同企业规模下制造实践对比（一）*

图中横坐标数字分别表示各实践项目的编号，其具体含义参见表 5-5

　　在大型企业和中小企业之间，制造实践的采用程度在 1993 年差异最大的是节能计划和环保计划；在 1997 年差异最大的是广域网和局域网。这表明大型企业在制造实践的采用上要先于中小企业，当然，这很可能是源于大型企业资金雄厚、技术先进等原因。在大型企业和中小企业之间，制造实践的采用程度在 2001 年差异最小的是更新工艺设备和电子商务；在 2005 年差异最小的是精益组织和劳动力弹性。这说明随着技术普及和管理方式的改进，中小企业和大型企业一样，也在逐步采用新的生产制造方式。

7.2.3　不同企业规模下要素关系结构的变化与特征

不同企业规模下制造战略要素关系结构如表 7-6 所示。在 1993 年，大型企业在成本和质量方面对较多制造实践的采用有显著影响；而中小企业除质量之外都有比较明显的影响。在 1997 年，大型企业在成本、质量和柔性方面对制造实践的采用有显著影响；中小企业在全部竞争优先权上都有影响，特别是在交货方面对计算机辅助过程计划、自动工具转换和价值分析有负的显著影响。在 2001 年，大型企业在成本方面对制造实践的采用没有显著影响；而中小企业除了交货方面，其他竞争优先权对制造实践的采用都有显著影响。在 2005 年，大型企业在服务方面没有显著影响，但在质量和柔性方面对制造实践的采用有比较显著的影响；而中小企业对制造实践的采用都有显著的影响。

总体说来，大型企业在少数几个竞争优先权方面对制造实践采用的影响较为集中，而中小企业相对比较分散。可能的原因是中小企业的规模小、没有自己的核心专长和突出的能力，因而表现得比较分散。

表 7-6　不同企业规模对制造战略要素关系结构的影响

年份	企业类型	成本	质量	服务	交货	柔性
1993	大型企业	TQM、DFA/DFM、QFD、价值分析、QPD、标杆瞄准、改善、TPM	ISO9000*、JIT、拉式生产、DFA/DFM、工作小组、改善、TPM、节能计划、环保计划	健康计划	拉式生产、CAM	—
1993	中小企业	TQM、MRP II*、ZDP、DFA/DFM、标杆瞄准	—	SMED*、QFD、环保计划、健康计划	TQM、SPC、JIT、SMED、CAM、QFD、QPD、厂中厂、工作小组、改善	MRP、JIT、SMED、ZDP、价值分析
1997	大型企业	QPD、改善、MRP II*、共享数据、定义战略、工作小组、TPM、节能计划	SPC、QFD、QPD、ZDP、标杆瞄准、改善、CAE、机器人、AGV、CAM、CIM、局域网、广域网、价值分析、TPM	—	JIT*、DFA/DFM	SPC、QFD、ZDP、标杆瞄准、CAT、JIT、SMED、拉式生产、CAPP*、自动部件、BPR、作业成本、TPM
1997	中小企业	TQM、QFD、QPD、标杆瞄准、自动存取*、广域网、健康计划*	JIT、准时交货、CAM、CIM	标杆瞄准、改善、自动工具、作业成本、工作小组、健康计划	CAPP*、自动工具*、价值分析*	QFD、QPD、ZDP、CAT、SMED、拉式生产、局域网、DFA/DFM、同步工程、价值分析、工作小组、节能计划、环保计划

续表

年份	企业类型	成本	质量	服务	交货	柔性
2001	大型企业	—	工艺设备、自动化、产品开发、环境兼容	自动化、信息通信	工艺设备*、拉式生产	供应战略、设备生产率
	中小企业	工艺设备、过程集中	工艺设备、制造能力、自动化、质量改进	供应战略、外包、过程集中、设备生产率、雇员授权、产品开发、环境兼容	—	电子商务、外包、产品开发
2005	大型企业	产品开发、组织集成、客户协调	拉式生产、质量改进、设备生产率、环境绩效、产品开发、组织集成、技术集成、自动化、员工授权、精益组织、持续改进、供应商开发	—	环境绩效、产品开发*	制造能力、过程集中、拉式生产、产品开发、信息通信、供应战略、分销战略、客户协调
2005	中小企业	质量改进、设备生产率、环境绩效、自动化、供应战略、供应商开发、供应商协调、分销战略*	质量改进、设备生产率、产品开发、组织集成、技术集成、自动化、信息通信、员工授权、精益组织、持续改进、供应战略、供应商协调	过程集中、环境绩效、产品开发、员工授权、精益组织、劳动力弹性、供应商开发、供应商协调	自动化、劳动力弹性	过程集中、拉式生产、环境绩效、产品开发、组织集成、技术集成、信息通信、员工授权、持续改进、分销战略、客户协调

*表示负相关，其余为正相关，显著性水平为 0.05

7.3　经济发展层次对制造战略要素关系结构模型的影响

IMSS 在几次调查的所有国家中，既有发达国家，也有发展中国家，为了研究在不同经济发展水平条件下，制造战略要素关系结构的变化，本书对所调查企业数据按照国家经济发展程度的高低来进行分类。在对所有国家的分类中，为使分类更加准确，分类的准则参考使用联合国发布的 2003 年度人均 GDP（美元），同时利用联合国开发计划署发布的按购买力平价计算 2002 年度人均 GDP，以及世界经济论坛发布的 2003 年全球企业竞争力排序结果，综合确定国家分类，相关数据如表 7-7 所示。

表 7-7　国家经济状况及竞争力

序号	国家	2003 年人均 GDP（当年价/美元）	2002 年人均 GDP（购买力平价/美元）	2003 年全球企业竞争力排序
1	挪威	48 881	36 600	22
2	丹麦	39 497	30 940	4
3	爱尔兰	38 864	36 360	21
4	美国	36 924	35 750	2

序号	国家	2003 年人均 GDP（当年价/美元）	2002 年人均 GDP（购买力平价/美元）	2003 年全球企业竞争力排序
5	瑞典	33 925	26 050	3
6	日本	33 819	26 940	13
7	荷兰	31 759	29 100	9
8	奥地利	31 187	29 220	17
9	芬兰	31 069	26 190	1
10	英国	30 355	26 150	6
11	比利时	29 257	27 570	15
12	德国	29 137	27 100	5
13	加拿大	27 097	29 480	12
14	澳大利亚	26 525	28 260	11
15	意大利	25 527	26 430	24
16	西班牙	20 424	21 460	25
17	新西兰	19 350	21 740	18
18	以色列	18 101	19 530	20
19	希腊	15 690	18 720	39
20	葡萄牙	14 645	18 280	36
21	韩国	11 059	16 950	23
22	匈牙利	8 384	13 400	38
23	克罗地亚	6 398	10 240	62
24	爱沙尼亚	6 232	12 260	28
25	墨西哥	5 945	8 970	48
26	智利	4 523	9 820	32
27	土耳其	3 418	6 390	52
28	阿根廷	3 375	10 880	68
29	委内瑞拉	2 994	5 380	80
30	巴西	2 700	7 770	34
31	秘鲁	2 238	5 010	78
32	中国	1 100	4 580	46

数据来源：根据联合国网站和世界经济论坛网站相关数据整理

　　本章将 2003 年人均 GDP 在 21 000 美元以上的国家划分为一类，并将之称为高发展层次国家；其余国家划分为另一类，并称之为低发展层次国家。这一划分从 2002 年按购买力平价计算的人均 GDP 和 2003 年全球企业竞争力排序来看也是基本一致的。而且,按照这一划分,两个层次的样本数量基本上差不多,并且达到能够进行数据分析的要求,两个层次样本分布如表 7-8 所示。

表 7-8 不同经济发展层次的样本分布

经济层次	1993 年		1997 年		2001 年		2005 年	
	样本量	比例/%	样本量	比例/%	样本量	比例/%	样本量	比例/%
高	393	65.50	275	49.46	366	65.59	400	56.42
低	207	34.50	281	50.54	192	34.41	309	43.58
合计	600	100.00	556	100.00	558	100.00	709	100.00

7.3.1 不同经济发展层次下竞争优先权的变化与特征

不同经济发展层次下竞争优先权对比结果如表 7-9 所示。

表 7-9 不同经济发展层次下制造竞争优先权均值对比

年份	经济层次	成本	质量	服务	交货	柔性
1993	高	4.250 0	4.584 6	4.442 2	4.169 3	3.295 6
	低	4.483 1	4.618 4	4.446 6	4.274 5	3.565 9
	F	10.634 3	0.345 0	0.004 1	2.866 6	7.765 2
	Sig.	0.001 2	0.557 2	0.949 0	0.091 0	0.005 5
1997	高	3.641 0	4.277 0	4.011 1	4.013 0	3.300 4
	低	3.937 0	4.350 0	4.150 2	4.206 3	3.513 3
	F	10.570 6	1.410 3	3.447 2	10.243 0	8.835 0
	Sig.	0.001 2	0.235 5	0.063 9	0.001 5	0.003 1
2001	高	3.563 4	4.179 3	3.948 0	4.005 7	3.177 7
	低	4.076 9	4.277 5	3.808 1	4.108 0	3.466 7
	F	28.376 1	2.083 0	2.221 9	2.280 1	12.891 9
	Sig.	0.000 0	0.149 6	0.136 7	0.131 6	0.000 4
2005	高	3.934 0	4.140 2	3.882 7	4.023 3	3.324 0
	低	3.855 7	4.255 9	3.861 4	4.165 0	3.485 7
	F	1.089 3	5.080 0	0.082 8	6.668 4	7.170 1
	Sig.	0.297 0	0.024 5	0.773 6	0.010 0	0.007 6

总体说来,经济发展层次高的国家的企业在竞争优先权上的重视程度,相对低于经济发展层次低的国家的企业对竞争优先权的重视程度。除了 2001 年在服务方面、2005 年在成本和服务方面之外,经济发展层次较高国家的企业对竞争优先权的重视程度均低于经济发展层次低的国家,但经济发展层次不同的国家之间在服务这一竞争优先权上完全没有显著差异。这一点可能是因为随着世界经济一体化的发展,企业之间在全球范围内竞争,但经济发展水平较低国家的企业在知名度、信誉、管理能力、技术水平等方面相对较弱,因而在市场竞争中要求更高的

竞争优先权。而服务方面没有差异，可能隐含另一层含义：服务对企业技术水平等的要求相对要低于其他竞争优先权。

从纵向上看，企业对成本这一竞争优先权的重视程度随时间变化呈现波动性；对质量和服务方面的重视程度基本上随时间逐渐降低；而对交货和柔性方面的重视程度随时间基本上保持不变。

7.3.2 不同经济发展层次下制造实践的变化与特征

不同企业规模下制造实践的对比如图 7-3 所示。高发展程度国家的企业在 QFD、SMED、ZDP、QPD、设备生产率和质量改进等方面的采用程度在 0.05 的显著性水平上要低于低发展程度国家的企业，而在 CAD、LAN、ISO9000、信息通信、员工授权、拉式生产和劳动力弹性等方面的采用程度要显著高于低发展程度的国家。

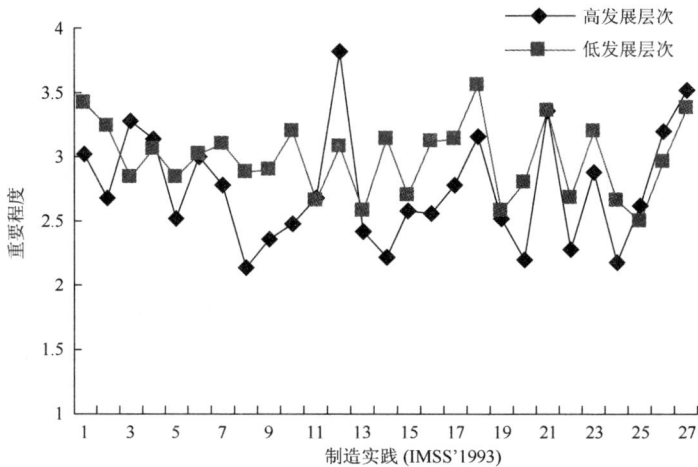

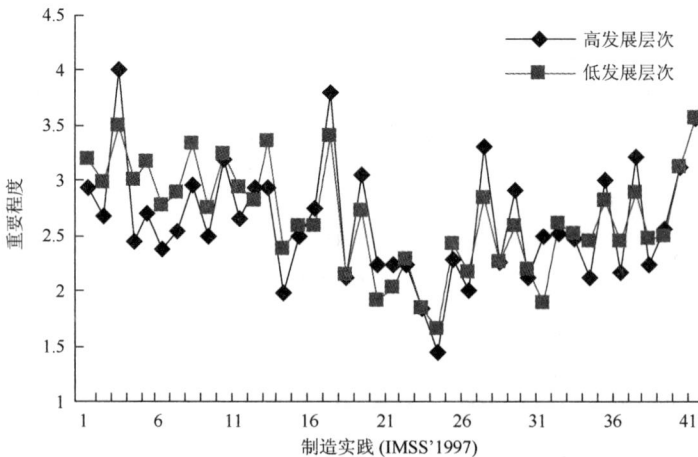

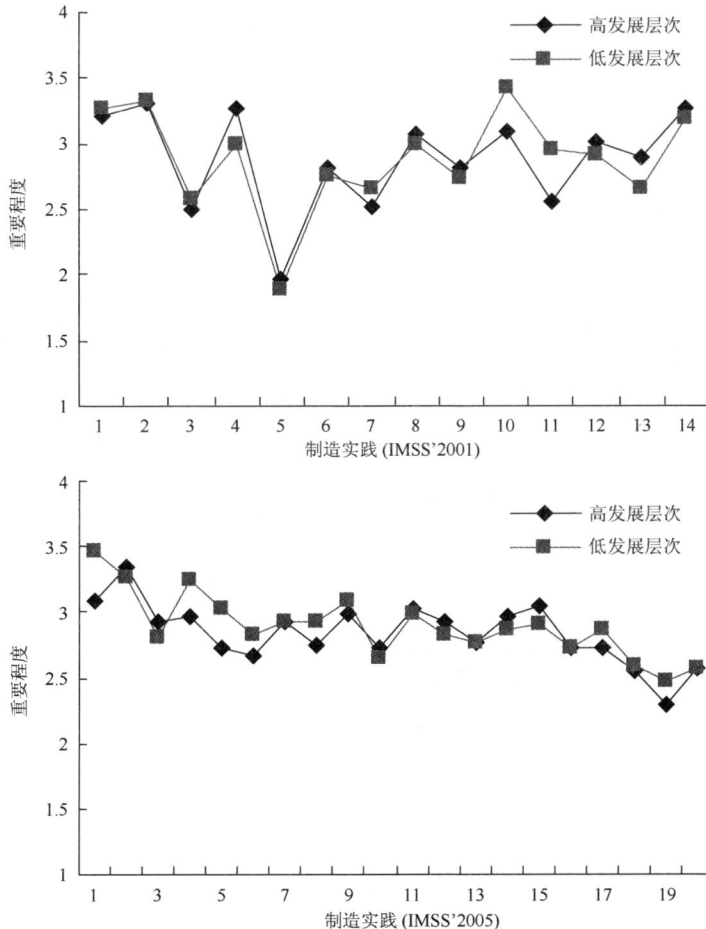

图 7-3　不同企业规模下制造实践对比[*]

*图中横坐标数字分别表示各实践项目的编号，其具体含义参见表 5-5

高发展程度的国家更加强调 ISO9000、CAD、健康安全、LAN、工作小组、劳动力弹性、信息通信等方面的实践，而低发展程度的国家则更加强调健康安全、TQM、制造能力、质量改进等方面的制造实践。

在多数制造实践的采用上，发展程度较低的国家与发展程度较高的国家之间并没有显著差异，表明随着技术更新步伐的加快和管理水平的提高，新的技术手段和管理实践在全球范围内的传递速度越来越快，也要求企业能够快速地学习世界范围内的新的思想并融为己用。

7.3.3　不同经济发展层次下要素关系结构的变化与特征

不同经济发展层次下的制造战略要素关系结构如表 7-10 所示。在 1993 年，高发展层次国家的企业的多数制造实践主要受到成本和质量这两个竞争优先权的影响。而低发展层次国家中成本这一竞争优先权对制造实践的影响则全为负，特别是质量这一竞争优先权对制造实践的采用完全没有影响，但在前文的结果中，质量始终是最受重视的竞争优先权。这表明这一时期在经济发展层次较低的国家中，虽然质量意识已经在企业中产生并受到重视，但却未能落实到实践中去。在 1997 年，低发展层次国家的企业中，多数制造实践的采用与竞争优先权有显著关系，但比较突出的是，成本和交货这两个竞争优先权对制造实践的影响几乎全为负。2001 年，高发展层次国家企业的制造实践的采用主要受到成本、质量和柔性的影响，低发展层次国家增加了服务这一竞争优先权，但交货这一竞争优先权对双方制造实践的采用均无显著影响。2005 年，高发展层次国家企业的制造实践情况同 2001 年基本相同，但低发展层次国家却在成本这一竞争优先权中的影响降低了。

表 7-10　不同经济发展层次对制造战略要素关系结构的影响

年份	经济发展层次	成本	质量	服务	交货	柔性
1993	高	TQM、SMED、ZDP、DFA/DFM、QFD、价值分析、QPD、厂中厂、同步工程、工作小组、标杆瞄准、改善、TPM、环保计划	ISO9000*、DFA/DFM、同步工程、作业成本、工作小组、改善、TPM、环保计划	MRP II、ZDP、改善、健康计划	ISO9000、CAM、QPD、厂中厂、工作小组、改善	价值分析、工作小组*
	低	ISO9000*、MRP II*、准时交货*、拉式生产*、CAM*、厂中厂*	—	MRP、CAD、QFD、QPD、节能计划、环保计划、健康计划	TQM、SPC、ISO9000、JIT、准时交货、SMED、拉式生产、ZDP、CAM、DFA/DFM、厂中厂、同步工程、工作小组、健康计划	TQM、MRP、ZDP、价值分析、定义战略、同步工程、作业成本、工作小组
1997	高	TQM、QFD、QPD、ZDP、标杆瞄准、改善、CAPP、AGV、CIM、广域网、同步工程、价值分析、TPM、节能计划	TQM、QFD、QPD、ZDP、CAE、数控、机器人、CAM、CIM、局域网、广域网、共享数据	自动存取、同步工程、价值分析、BPR、节能计划、健康计划	—	TQM、QFD、QPD、标杆瞄准、CAT、JIT、准时交货、SMED、机器人、AGV、共享数据、DFA/DFM、同步工程、厂中厂、定义战略、作业成本、TPM
1997	低	CAT*、MRP*、MRP II*、准时交货*、SMED、CAPP*、自动存取*、AGV*、CIM*、DFA/DFM、价值分析*、BPR*、作业成本*、工作小组、环保计划*、健康计划*	SPC、JIT、准时交货、SMED、自动部件、CAM、CIM	TQM、SPC、标杆瞄准、改善、CAT、MRP、MRP II、拉式生产、CAD、自动工具、自动存取、AGV、价值分析、厂中厂、定义战略、作业成本、工作小组、TPM、环保计划、健康计划	SPC*、CAT*、MRP II*、拉式生产*、CAD*、CAPP*、自动存取*、共享数据*、价值分析*	除"CAE、CAD、CAPP、机器人、自动部件、AGV、同步工程、定义战略、TPM"之外

续表

年份	经济发展层次	成本	质量	服务	交货	柔性
2001	高	除"制造能力、外包、拉式生产、雇员授权"之外	除"电子商务、供应战略、外包、拉式生产、环境兼容"之外	—	—	自动化、电子商务、供应战略、设备生产率、产品开发
	低	工艺设备、外包、拉式生产	工艺设备、自动化、过程集中、质量改进、设备生产率、环境兼容	信息通信、设备生产率、雇员授权、产品开发	—	电子商务
2005	高	质量改进、设备生产率、组织集成、技术集成、自动化、信息通信、持续改进、供应战略、供应商开发、供应商协调、客户协调	质量改进、产品开发、组织集成、技术集成、自动化、员工授权、精益组织、持续改进、劳动力弹性、供应战略、供应商开发	自动化*、供应战略	技术集成、自动化	除"制造能力、质量改进、精益组织、持续改进、供应商协调"之外
	低	过程集中、客户协调*	除"制造能力、精益组织、劳动力弹性、供应商开发、分销战略、客户协调"之外	过程集中、环境绩效、产品开发、技术集成、自动化、员工授权、精益组织、持续改进、供应商开发、供应商协调	技术集成*、劳动力弹性	拉式生产、产品开发、信息通信、供应战略、分销战略、客户协调

*表示负相关，其余为正相关，显著性水平为 0.05

总体来说，高发展层次国家在成本、质量和柔性方面对制造实践的采用影响更强，而低发展层次国家则在成本方面对制造实践的采用有较为显著的负影响或者影响很低。

7.4　分析与讨论

本章的结果分别验证了 5.1.1 节的假设 1 及其子假设 1a，假设 1b，但对关于经济发展层次的假设 1c 的支持力度很弱。

在竞争优先权和制造实践的采用上，北美和亚太基本一致、南美和欧洲基本一致。这一结果可能表明亚太企业在多数时候更倾向于学习北美企业的做法，而南美企业更倾向于向欧洲企业学习，因而相互之间在制造战略的要素上表现出这样的形态。

大型企业对竞争优先权的重视程度普遍高于中小企业，可能是因为大型企业面临的市场范围更广、面对的客户需求更高，同时大型企业由于声誉、企业形象方面的要求，也使之更加强调制造竞争优先权。

　　经济发展层次高的国家对竞争优先权的重视程度低于经济发展层次低的国家，这可能是因为在经济发展层次高的国家中市场竞争机制经过长期的发展与演变，变得更加完善和成熟，相应的企业所面临的客户也比较成熟。而经济发展层次低的国家的企业却需要花更大的努力来确保其在市场上的地位和更大的发展，因而经济发展层次低的国家的企业，需要不断去迎合并适应持续变化与发展的客户需求，以及日益激烈的竞争格局。

　　在制造实践的采用上，北美和亚太基本一致、南美和欧洲基本一致，这一点与前文在竞争优先权上几个区域之间的关系类似。大型企业要先于中小企业采用制造实践，说明大型企业在资金、技术、人力资源等方面具有优势，因而要先于中小企业采用新的技术手段来提高和带动企业的进一步发展。经济发展程度高低对制造实践的采用并无显著影响，这说明虽然众多的先进制造技术主要产生于经济发达国家的企业实践之中，但其引入其他经济发展程度低的国家的步伐却非常快，经济发展程度较低的国家也在时刻紧跟先进企业的管理和实践经验。

　　在制造战略要素关系结构上，欧洲在实施制造实践以满足质量这一竞争优先权方面比其他地区要晚，但欧洲在 20 世纪 90 年代设立了相应的质量奖以促进企业在质量方面的改进[48]。因此，欧洲关于提高质量方面制造实践的实施也越来越深入。在不同的企业规模下，制造战略要素关系结构也呈现与第 6 章类似的结论，即制造实践的实施集中于支持两到三个竞争优先权，但相对来说，中小企业比大型企业要更为分散一些。对低发展层次国家来说，制造实践的采用对成本这一竞争优先权的路径系数为负，可能是因为其原有制造基础严重不足，需要大量投资有关制造实践的活动，因而导致了制造成本的上升，成本上升带来了产品质量的提高，进而竞争力得到了增强。

7.5　制造战略要素关系结构模型的扩展

　　制造战略要素关系结构表明，在制造战略领域内制造的战略层次要素与其执行层次要素之间的连接。这种连接显示了，为获取企业竞争优势，企业在制造职能方面从所采取的战略到具体行动计划之间的一种对应关系。这种对应关系既说明了企业在制造战略与制造实践之间是否能够正确地衔接，又衡量了企业在制造战略上的竞争定位。对于一个企业来说，竞争优先权虽然体现在降低成本、提高质量、改进服务、快速和可靠地交货、批量和产品开发柔性等几方面，但对不同的产品种类，其要求是不同的。对每一种产品或产品大类（分产品目标或分市场目标），都有一种竞争优先权与制造实践之间的关系，这些关系共同组成了企业的制造战略关系结构，如图 7-4 所示。

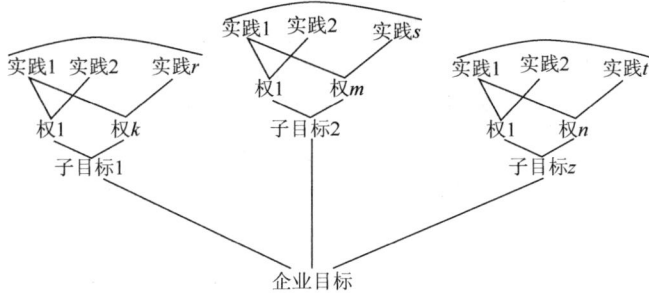

图 7-4　制造战略要素关系多目标图

这一多目标关系的优点在于，某一子目标的绩效对整个企业的影响较小，这对完成企业的总体目标更加完全、可靠，并且充分利用了实施的制造实践资源。另外，通常子目标较小也更加清晰，有助于目标的完成、分解和制造实践的实施。

从更大的范围来说，对于其他职能部门的工作，同样也有相应的实践活动才能实现其职能目标。例如，对营销职能，其相应的竞争优先权为产品、价格、销售渠道、促销手段等[165]，为了获得这些竞争优先权，营销职能需要在其战略与具体的执行计划之间进行协调，并最终取得企业的竞争优势。对每一职能战略要素的关系结构来说，如果该职能的战略层次要素与执行层次要素之间相互匹配、协调，执行层次要素支持战略层次要素的获取，战略层次要素引导执行层次要素的运行，构成良好、有序的职能层次的运行关系，所有职能关系结构都运行良好，那么才能共同组成优秀企业战略的运行体系。

7.6　本 章 小 结

本章在第 6 章的基础上，对制造战略要素关系结构模型在不同环境因素下的变化进行了更加深入地分析和研究，研究的结果主要有以下几方面。

（1）在区域因素下，同前文的分析一样，质量在企业的竞争优先权中始终是最受重视的。在制造实践的采用上，北美和亚太基本一致；南美和欧洲基本一致。在制造战略要素结构上，在 20 世纪 90 年代，欧洲区域质量这一竞争优先权对制造实践的影响很小，但交货这一竞争优先权对制造实践的正影响较大；而环太区域几乎正好相反，质量这一竞争优先权对制造实践的影响很大，交货这一竞争优先权对制造实践的负影响很大。进入 21 世纪后，欧洲和环太区域在交货这一竞争优先权上都对制造实践几乎没有影响，不过欧洲区域在服务这一竞争优先权上对制造实践有较大的影响。

（2）在企业规模因素下，中小企业和大型企业在质量和服务方面的差异程度较大，并且都随时间变化对其重视程度越来越低。在制造实践的采用上，大型企业普遍高于中小企业。在制造战略要素结构上，大型企业较为集中在少数几个竞争优先权方面对制造实践采用的影响，而中小企业则相对比较分散。

（3）高发展层次国家在竞争优先权上的重视程度相对低于低发展层次国家对竞争优先权的重视程度。在多数制造实践的采用上，低发展层次国家与高发展层次国家之间没有显著差异。在制造战略要素结构上，高发展层次国家在成本、质量和柔性方面对制造实践的采用影响更强，而低发展层次国家则在成本方面对制造实践的采用有较为显著的负影响或者影响很低。

第8章 中国制造企业要素关系特征

8.1 中国制造企业要素关系分析

由于中国企业样本数量的限制，本章仅简单分析竞争优先权与制造实践之间的关系。

8.1.1 竞争优先权

由于 1993 年的 IMSS 调查，中国没有参加，相应的比较只有 1997～2005 年的数据，竞争优先权的比较结果如表 8-1～表 8-3 所示。

表 8-1 竞争优先权比较（1997 年）

国家	项目	成本	质量	服务	交货	柔性
阿根廷	均值	3.666 7	4.125 0	3.933 3	4.166 7	3.291 7
	样本量	30	28	30	30	24
巴西	均值	4.730 8	4.314 8	4.037 0	4.111 1	3.500 0
	样本量	26	27	27	27	24
中国	均值	3.111 1	4.821 4	4.333 3	4.148 1	4.148 1
	样本量	27	28	30	27	27
丹麦	均值	3.333 3	4.185 2	4.259 3	4.185 2	3.209 9
	样本量	27	27	27	27	27
匈牙利	均值	4.305 6	4.228 6	3.942 9	4.338 2	3.585 9
	样本量	36	35	35	34	33
意大利	均值	3.549 3	4.271 4	3.700 0	4.014 1	3.433 3
	样本量	71	70	70	71	70
日本	均值	4.655 2	4.293 1	4.206 9	3.703 7	3.518 5
	样本量	29	29	29	27	27
墨西哥	均值	3.535 7	4.586 2	4.500 0	4.375 0	3.619 0
	样本量	28	29	28	28	28
荷兰	均值	3.379 3	4.250 0	3.750 0	3.732 1	3.047 6
	样本量	29	28	28	28	28

续表

国家	项目	成本	质量	服务	交货	柔性
挪威	均值	3.461 5	4.038 5	3.461 5	3.961 5	3.538 5
	样本量	13	13	13	13	13
新西兰	均值	4.031 3	4.578 1	4.250 0	4.328 1	3.531 3
	样本量	32	32	32	32	32
秘鲁	均值	4.125 0	3.812 5	3.375 0	3.250 0	2.916 7
	样本量	8	8	8	8	8
芬兰	均值	3.357 1	4.038 5	4.142 9	3.785 7	3.051 3
	样本量	14	13	14	14	13
韩国	均值	3.940 0	4.350 0	4.400 0	4.350 0	3.515 2
	样本量	50	50	50	50	44
西班牙	均值	4.030 3	4.000 0	3.909 1	3.984 8	3.088 9
	样本量	33	33	33	33	30
瑞典	均值	3.148 1	4.296 3	4.333 3	4.111 1	3.296 3
	样本量	27	27	27	27	27
英国	均值	3.958 3	4.304 3	4.166 7	4.282 6	3.303 0
	样本量	24	23	24	23	22
美国	均值	3.769 2	4.487 2	4.256 4	4.179 5	3.148 1
	样本量	39	39	39	39	36
合计	均值	3.780 2	4.314 6	4.080 4	4.111 1	3.405 7
	样本量	546	542	547	540	516

表 8-2　竞争优先权比较（2001 年）

国家	项目	成本	质量	服务	交货	柔性
阿根廷	均值	3.857 1	4.071 4	3.857 1	4.178 6	3.142 9
	样本量	14	14	14	14	14
澳大利亚	均值	3.750 0	4.375 0	4.025 0	4.212 5	3.117 1
	样本量	40	40	40	40	37
比利时	均值	3.578 9	4.055 6	3.526 3	3.605 3	2.982 5
	样本量	19	18	19	19	19
巴西	均值	3.818 2	4.403 2	4.093 8	4.121 2	3.312 5
	样本量	33	31	32	33	32
中国	均值	3.961 5	4.685 2	4.384 6	4.115 4	3.409 1

续表

国家	项目	成本	质量	服务	交货	柔性
	样本量	26	27	26	26	22
克罗地亚	均值	4.028 6	3.822 6	3.866 7	4.062 5	3.833 3
	样本量	35	31	30	32	30
丹麦	均值	3.297 3	4.430 6	4.083 3	4.041 7	3.428 6
	样本量	37	36	36	36	35
德国	均值	3.600 0	4.137 9	3.966 7	4.350 0	3.264 4
	样本量	30	29	30	30	29
匈牙利	均值	4.438 6	4.361 1	3.471 7	4.287 0	3.457 5
	样本量	57	54	53	54	51
意大利	均值	3.396 6	4.245 6	3.964 9	3.991 4	3.479 5
	样本量	58	57	57	58	57
爱尔兰	均值	3.515 2	4.281 3	3.903 2	3.803 0	3.322 2
	样本量	33	32	31	33	30
荷兰	均值	3.000 0	3.769 2	3.714 3	3.416 7	2.974 4
	样本量	14	13	14	12	13
挪威	均值	3.510 6	4.000 0	3.690 5	4.130 4	3.200 0
	样本量	47	42	42	46	40
西班牙	均值	3.823 5	4.125 0	3.294 1	3.529 4	3.479 2
	样本量	17	16	17	17	16
瑞典	均值	3.444 4	4.250 0	4.111 1	3.970 6	3.254 9
	样本量	18	18	18	17	17
英国	均值	3.977 8	3.840 9	4.155 6	3.988 6	2.642 9
	样本量	45	44	45	44	42
美国	均值	4.000 0	4.607 1	4.071 4	3.857 1	2.871 8
	样本量	14	14	14	14	13
合计	均值	3.737 4	4.212 2	3.901 5	4.040 0	3.273 6
	样本量	537	516	518	525	497

表 8-3　竞争优先权比较（2005 年）

国家	项目	成本	质量	服务	交货	柔性
阿根廷	均值	3.681 8	4.104 7	3.883 7	4.267 4	3.389 5
	样本量	44	43	43	43	43

续表

国家	项目	成本	质量	服务	交货	柔性
澳大利亚	均值	3.615 4	3.954 5	4.000 0	3.791 7	2.977 3
	样本量	13	11	13	12	11
比利时	均值	3.906 3	3.975 8	3.875 0	3.803 6	3.531 3
	样本量	32	31	32	28	32
巴西	均值	4.071 4	4.428 6	4.500 0	4.214 3	3.500 0
	样本量	14	14	14	14	14
加拿大	均值	4.040 0	4.312 5	3.960 0	4.040 0	3.020 0
	样本量	25	24	25	25	25
中国	均值	3.500 0	4.243 2	4.368 4	4.067 6	3.817 6
	样本量	38	37	38	37	37
丹麦	均值	3.750 0	4.152 8	3.944 4	4.000 0	3.698 5
	样本量	36	36	36	36	34
爱沙尼亚	均值	3.523 8	4.350 0	3.619 0	4.150 0	3.300 0
	样本量	21	20	21	20	20
德国	均值	3.888 9	3.861 1	3.722 2	4.166 7	3.388 9
	样本量	18	18	18	18	18
希腊	均值	4.727 3	4.300 0	3.636 4	3.772 7	3.275 0
	样本量	11	10	11	11	10
匈牙利	均值	4.092 6	4.333 3	3.333 3	4.283 0	3.375 0
	样本量	54	54	54	53	54
爱尔兰	均值	3.857 1	4.357 1	3.785 7	3.692 3	3.057 7
	样本量	14	14	14	13	13
以色列	均值	3.736 8	4.315 8	3.473 7	3.625 0	3.529 4
	样本量	19	19	19	16	17
意大利	均值	4.022 2	4.136 4	4.022 7	4.200 0	3.410 7
	样本量	45	44	44	45	42
新西兰	均值	3.300 0	4.066 7	3.866 7	3.950 0	3.241 7
	样本量	30	30	30	30	30
荷兰	均值	3.952 4	4.174 6	3.612 9	3.722 2	3.270 8
	样本量	63	63	62	63	60
挪威	均值	4.000 0	3.843 8	4.437 5	4.343 8	3.203 1
	样本量	16	16	16	16	16
葡萄牙	均值	4.300 0	4.350 0	4.100 0	4.150 0	3.325 0
	样本量	10	10	10	10	10
瑞典	均值	3.862 5	4.192 3	3.784 8	4.141 0	3.297 5

续表

国家	项目	成本	质量	服务	交货	柔性
	样本量	80	78	79	78	79
土耳其	均值	4.457 1	4.171 4	4.028 6	4.257 1	3.771 4
	样本量	35	35	35	35	35
英国	均值	4.000 0	4.343 8	4.294 1	3.911 8	2.953 1
	样本量	17	16	17	17	16
美国	均值	4.200 0	4.138 9	3.916 7	4.291 7	3.430 6
	样本量	35	36	36	36	36
委内瑞拉	均值	3.724 1	4.425 9	4.071 4	4.482 1	3.544 6
	样本量	29	27	28	28	28
合计	均值	3.899 9	4.190 6	3.873 4	4.084 8	3.394 9
	样本量	699	686	695	684	680

从表 8-1～表 8-3 中的均值比较的数据来看，中国在质量、服务、交货方面的得分都高，说明自改革开来以来，随着竞争的加剧，企业在产品各方面的意识得到了很大的提高。但柔性方面相比其他国家来说，重要程度要高，可能原因是中国是制造大国，但不是制造强国，相应的制造能力不强，特别是柔性制造能力还需要增强。

8.1.2　制造实践

类似前文的计算过程，1997～2005 年中国制造实践前 10 位项目如表 8-4 所示。

表 8-4　1997～2005 年中国制造实践前 10 位排序

1997 年	均值	2001 年	均值	2005 年	均值
改善	4.560 0	质量改进	3.760 0	制造能力	3.685 7
健康计划	4.555 6	环境兼容	3.636 4	技术集成	3.432 4
CAT	4.480 0	制造能力	3.583 3	过程集中	3.371 4
准时交货	4.461 5	设备生产率	3.523 8	质量改进	3.222 2
SMED	4.375 0	工艺设备	3.423 1	信息通信	3.162 2
拉式生产	4.375 0	产品开发	3.409 1	持续改进	3.157 9
SPC	4.370 4	自动化	3.150 0	设备生产率	3.111 1
环保计划	4.285 7	信息通信	3.105 3	员工授权	3.078 9
QFD	4.153 8	雇员授权	3.000 0	供应商协调	3.054 1
MRP	4.120 0	过程集中	2.941 2	拉式生产	3.028 6

对比前文 6.1.2 节中第 2 小节的结果，中国在制造实践方面的实施与其他国家还存在很大的差距。20 世纪 90 年代后期，国外开始注重实施以 ISO9000、

TQM、工作小组等对企业整体制造能力提升制造实践时，中国企业才开始做改善、准时交货、拉式生产等方面的努力；在 21 世纪以后更加关注质量改进和制造能力方面。

8.1.3　竞争优先权与制造实践的关系

中国企业竞争优先权与制造实践之间的回归分析结果如表 8-5 所示。

表 8-5　中国企业竞争优先权与制造实践回归标准化系数

年份	制造实践	成本	质量	服务	交货	柔性
1997	CAD	0.669 2	—	—	—	—
	CAT	—	—	—	—	0.614 1
	CIM	—	0.506 9	—	—	—
	ISO9000	—	—	—	—	0.299 6
	MRP	—	—	—	−0.257 6	—
	SPC	−0.542 4	—	—	−1.044 8	—
	标杆瞄准	—	—	—	1.028 5	—
	改善	—	—	−0.853 2	—	−1.184 0
	环保计划	—	—	0.514 5	—	—
	局域网	—	—	—	−0.494 5	—
2001	—	成本	质量	服务	交货	柔性
	雇员授权	−0.591 8	—	0.804 9	—	—
2005	—	成本	质量	服务	交货	柔性
	技术集成	—	—	0.440 3	—	—
	劳动力弹性	—	—	—	0.378 8	—
	产品开发	—	—	—	—	0.382 4

从表 8-5 中可以发现，CAD 对成本有正向影响，但 SPC 会增加成本，标杆瞄准可以提高交货。雇员授权提高了成本，但显著改善了服务。产品开发增强了柔性制造能力。

但是，大多数制造实践对竞争优先权没有影响，这应该是说明了中国企业采取的众多制造实践并未达到实际的效果。

8.2　中国制造企业要素关系策略

从上面的研究可以发现以下几点对中国制造企业的启示。

（1）经过改革开放 20～30 年来的发展，随着中国制造走向世界，中国制造企业已经逐渐意识到了提升自己企业制造能力的重要性，在制造战略领域与执行领域的重要程度均相对较高。

（2）中国制造企业改革开放时间不长，相对来说，还处于学习阶段，因此，在制造实践的使用上，落后国外先进企业一个时期。

（3）执行层次的制造实践对战略层次的竞争优先权影响不大，这表明中国企业的制造能力提升计划没有达到原定目标，或者表明了中国企业虽然学习了国外企业的做法，但仅学会了些皮毛，没有将之转化为自身的内在能力。

（4）提升中国制造企业的能力，应该在引进国外的先进制造技术的基础上，强化企业内部管理水平，通过执行层次的制造实践的运用，真正达到获得战略层次上竞争优先权的竞争优势目标，做到制造战略上的一致性。

第9章 世界级制造——中国企业制造战略的必由之路

9.1 世界级制造理论的产生与发展

20世纪80年代中后期以来，"世界级制造"成为北美、日本和欧洲企业管理中非常流行的一个词汇。

世界级制造思想产生于20世纪80年代中期，它的产生受到两个因素的催化。一是环境的压力。20世纪70~80年代，世界性股票市场大跌、政治谋杀、局部性战争、石油危机使社会政治经济陷入困境。市场萎缩、工厂关闭、工人失业等严重困扰着美国企业界，这种情况下，美国各界开始反思，他们发现对"制造企业应该怎样运营"这个问题存在错误认识。二是日本制造业的迅速崛起。第二次世界大战后，日本推行以民用技术为主的发展路线，顺应了20世纪工业化的主题——工业化走进人们的生活，日本经济进入高速增长阶段。20世纪80年代初，日本汽车、机床、半导体、计算机等超过美国，位居世界第一。"日本制造"在20世纪80年代世界经济中一枝独秀。日本制造业创造的令人瞩目的奇迹，引起了美国学术界和企业界的关注，他们发现日本企业成功的基础在于一套截然不同的管理和运营的理念、原理、政策和技术。从此，日本企业的生产模式成为美国学术界和企业界研究学习的热点。

Hayes和Wheelwright在1984年首先用"世界级制造"一词来描述"通过把制造能力作为竞争武器而获得全球竞争优势"的组织。他们提出了一系列使企业达到"世界级"的关键实践，包括劳动力开发、发展有竞争力的技术管理团队、质量竞争、鼓励员工参与和设备投资等。他们指出，美国正是忽视了这些实践的创新与应用，才会在制造业的许多领域失去竞争优势，美国若想重新夺回其制造业的优势，企业必须大力推广应用上述优秀实践。从此，很多学者从不同角度发展和完善了世界级制造理论。

世界级制造很好地反映了当时工业企业中正在发生着的根本性变化，它涉及企业运营的全部要素：质量管理、工作分类、劳动关系、培训、员工支持、外包、与供应商及顾客关系、产品设计、工厂组织、计划、设备维修、产品线、会计系统、计算机和自动化的作用及其他。最初，世界级制造研究的行业主要有计算机、汽车、摩托车、家电、电子产品、机械设备等制造业行业。后来，世界级制造得到了众多学者的关注。世界级制造不仅发展了一整套理论体系，还成为各国政府和企业所追求的基本目标。

Hayes 和 Wheelwright 对世界级制造的阐述和归纳奠定了世界级制造理论的研究基础和基本架构。随后，许多学者加入到该领域的研究中来。明尼苏达大学的 Roger Schroeder 教授和爱荷华州立大学的 James 和 Barbara Flynn 发起了世界级制造项目，主要调查研究：为"不断地改善制造能力来获得持续竞争优势"而进行的一系列过程设计。该项目最初涉及美国 100 人以上的 75 家企业，主要集中于交通运输、电子和机械行业。这些企业进一步被分为三类：世界级企业、日资企业和传统企业。所有企业都是从每一类企业中随机选出，利用邓恩行业指南选择传统企业，根据一个日文指南选择日本企业，Schonberger 的"与行业领袖交流"中的企业列表作为世界级企业的来源[69]。世界级制造项目已扩展到日本、意大利、英联邦、德国，建立了一个庞大的数据库，主要调研一些典型的世界级制造实践及其与企业绩效之间的关系。此时，世界级制造和世界级企业的研究已经引起越来越多的学者的关注。

Schonberger 以"世界级制造"命名出版了他著名的代表作，他用奥林匹克精神（更快、更高、更强）来解释"世界级"的含义，即"持续的、快速的改进"，同时他还提出了企业达到世界级水平的途径，"通过应用 JIT/TQM 等实践活动，你的企业就会加入到'世界级'行列中来"[69]。这其中隐含着一种观点：通过应用世界级实践（JIT/TQM 等）企业的绩效将会相应得到改善。正如 Voss 和 Blackmon（1993）所指出的，运作绩效是影响企业竞争力和经营绩效的关键因素，而应用最优秀的实践将能改进运作绩效，所以，应用最优秀的实践将能带来竞争力的提升。

Giffi 等提出，世界级制造要以质量和顾客为核心目标，以企业制造战略、制造能力、管理方法、组织要素、人力资源、技术、绩效评价七方面的协同来支持，形成了世界级制造的整体构架[178]。顾客是企业的最终评委，企业最终能否成为"世界级"的企业，要看其产品或服务的质量是否被全球更多的顾客所认同。通用公司、IBM 公司、惠普公司等一批公认的世界级企业都是一直不懈地把顾客满意度作为企业追求的核心目标。而制造战略、制造能力、管理方法等七方面的协同则为企业向世界级进军提供了努力的路径，其中每一方面的改进都可能使企业成为世界级，而这七方面的协同改进则会产生更积极的效果。

罗莎贝丝·坎特指出，"企业要想在全球经济中保持繁荣，就必须达到'世界级'的标准，加入世界级的队伍。[179]"她指出"世界级"有两种含义：一是指为了赢得竞争而随时随地可以使自己的活动达到最高标准的行为与能力；二是指一种组织的成长壮大，该组织有能力调动资源、跨国境和跨区域地从事经营活动。她进一步提出，世界级企业是"世界主义者"，具有明显的胸怀世界的心态。根据罗莎贝丝·坎特的观点，世界级企业有三大武器：第一，世界级的创构力，即拥有最新、最好的知识与理念；第二，世界级的竞争力，即何时何地都以最高标准运营的能力；第三，世界级的联系力，即拥有最好的社会关系网，可以动用世界其他地区人士和组织机构的资源。世界级企业正是掌握了最新最好的知识理念、最高水平的竞争力和最卓越的联系力，才对本地化企业造成了巨大的冲击。

因此，世界级的企业必须是开放的企业，具有强烈的全球观念，时刻将自身的经营活动融入到最广泛的世界联系之中，能在全球范围调动资源从事经营并取得全球最高标准。

9.2　世界级制造的基本要素

（1）世界级制造的基本信念——持续、快速的改善。Schonberger 在其著作 *World Class Manufacturing* 一书中，曾借用奥林匹克精神——更快、更高、更强为开篇第一章的标题，强调企业要进行持续、快速的改善。深入研究世界 500 强企业的发展历程，这些企业都有自己明确的核心理念，正是这种理念为员工指引着努力的方向，提供着源源不断的力量源泉。世界级制造作为企业目标不是传统意义上的数字化的目标，而是相对世界一流水平而言的一个比较目标，是企业无限接近却永远不能达到巅峰的一种目标，它就像一座灯塔，给企业以方向，鞭策企业永无止境的改进。

（2）世界级制造的核心目标——质量和顾客的满意度。世界级制造始终把质量和顾客的满意度作为最基本的目标，并通过企业制造战略、制造能力、管理方法、组织要素、人力资源、技术、绩效评价等七方面的协同来支持实现。通用公司、IBM 公司、惠普公司等一批公认的世界级企业都是一直不懈地把顾客满意度作为企业追求的核心目标。

（3）达到世界级制造的基本路径——不断提高企业运作质量。外国有句名言：条条大路通罗马。"世界级"的目标也是可以通过诸多路径来实现。世界级制造强调通过提高企业运作质量来达到世界级水平的目的。这就需要不断改善企业的运营流程，简化生产过程，具体包括更少的供应商、更低的成本、更好的质量、更快速的交货、更高的效率，更短的距离，更少的汇报，更少的监督管理，更少的缓冲库存等。

（4）达到世界级制造的具体途径——大力应用世界级制造实践。Schonberger 指出"通过应用 JIT/TQM 等实践活动，你的企业就会加入到'世界级'行列中来。" Voss 和 Blackmon 也曾指出，运作绩效是影响企业竞争力和经营绩效的关键因素，而应用最优秀的实践能改进运作绩效[76]。为了实现生产运营流程的简化和高效率，企业要创新或应用一些工具与技巧。在最初的世界级制造中，占主导地位的一些工具和技巧包括 JIT、TQM、TPM 等。20 世纪 90 年代以后，ERP、BPR、敏捷制造、六西格玛管理等也被公认为是企业达到世界级水平的重要工具，这些工具也被称为世界级制造实践（world class manufacturing practices）或最优制造实践（best practices）。

世界级制造是一个内涵丰富的概念，包括基本理念、目标、路径和实现的工具与技巧。它既是一种理念，改造人们的思想和思维方式，影响着决策者的决策；又是一套解决问题的路径和工具，指导着人们的实践活动，见表 9-1。

表 9-1　世界级制造研究的部分文献

作者	研究意向	方法	成果（作者的观点）
Heizer	提出方案	讨论	信息技术、网络和规模经济是美国实行世界级制造的战略优势
Schonberger	理论建设	讨论	世界级制造的理论、概念和实施及其 16 条原则
Beck	理论检验	案例研究	培训、减少浪费和物流的连续性是实施世界级制造的关键
Green	提出方案	讨论	工作环境必须适应世界级制造
Maskell	理论建设	讨论	世界级制造中的质量方法与传统方式中的不同
Stickler	理论建设	讨论	世界级制造绩效中的人、技术和系统分析
Cahn	提出方案	讨论	世界级制造中的绩效评估必须保证数据准确
Garwood	理论建设	案例研究	世界级制造中的战略计划对投资回报率最大化的重要作用
Maskal	提出方案	讨论	仅靠企业主管不能推动世界级制造
Rhodes	提出方案	讨论	实时控制和广泛决策是世界级制造的关键
Rohan	理论建设	讨论	员工参与是世界级制造实现缩短设计/生产周期的关键
Sheridan	提出方案	讨论	全员参与的预维护是世界级制造的关键
Shingo	提出方案	讨论	减少浪费、零缺陷、小批量制造与世界级制造
Cook	提出方案	讨论	企业在世界级制造中实施自动化技术必须首先考虑它对提高作业效率的作用
Miller 和 Ross	理论建设	讨论	说明实现世界级制造的组织文化和结构作用
Sellonheim	理论检验	案例研究	世界级制造的绩效评估的非财务方法
Dwen	提出方案	讨论	Benchmarking 是制造世界级制造的目标的现实工具
Ncms	理论建设	讨论	世界级制造理论及实施世界级制造的方法
Yong	理论建设	讨论	优势制造的框架

资料来源：文献[180]

9.3　世界级制造的判别标准

目前，学者们主要从两个方面来判别世界级企业：基于实践的判别和基于绩效的判别。

9.3.1　基于实践的判别

美国学者 Schonberger、英国学者布赖恩·普雷斯科特、戴维·德莱曼、斯图尔特·佩宁等从实践的角度对世界级进行了界定。他们分别提出了一系列的制造实践的内容，并把每项制造实践分为不同的等级（如 5 或 6 个等级），然后根据企业的得分情况把企业分为不同的等级，最高的等级是就是世界级企业。例如，英国学者布赖恩·普雷斯科特提出了 10 项世界级制造实践，并对每一项实践进行打分，从 0～5 分共 6 个等级，在某一实践上得 5 分表示它在这一标准的评价中很优秀，得 0 分则意味着未实施该实践或者不知道答案。最后根据每个企业的得分情况，判断一个组织在竞争优势方面表现出的地位：40～50 分表示表现与最好的竞争对手同等；30～39 分表示需要有较大的发展；低于 30 分表示需要有极大的发展。

于是，布赖恩·普雷斯科特把世界级组织定义为在实践方面"表现出 10 条衡量标准的特征，并且经营业绩和最好的竞争对手一样甚至更好的组织，也就是得分至少 40"的组织。

利用这种方法，每个制造企业可以计算本企业在各项实践方面的得分及总得分，据此对自己的竞争地位进行判断，决定今后需要改进的地方和选择相应的改进措施。通过不断的改进，企业逐渐向世界级靠近。可见，达到世界级水平是一个渐进的过程。

依据优秀实践的应用程度来判断一个企业是否已经达到世界级，其重心要放在不断改善企业运营质量上，通过企业高质量的运营能力确立企业的国际竞争优势。为了改善企业的运营质量，企业要创新或应用一些工具与技巧。在最初的WCM 中，占主导地位的一些工具和技巧包括 JIT、TQM、TPM 等。20 世纪 90年代以后，ERP、BPR、敏捷制造、六西格玛管理、现代技术等也被公认为是企业达到世界级水平的重要工具，这些工具也被称为世界级制造实践或最优制造实践。Schonberger 指出"通过应用 JIT/TQM 等实践活动，你的企业就会加入到'世界级'行列中来。"

9.3.2　基于绩效的判别

Oliver 认为一个企业达到世界级，就是一个企业必须在生产率和质量方面达到突出的绩效。Todd 认为世界级就是处在某一行业的企业在全球范围内做得更好，即在产品设计和绩效、质量和可靠性、最小的制造成本、不断引进创新的能力、更短的交货期和更好的交货可靠性，以及顾客服务方面都比竞争对手做得更好。Tanineez 验证了企业的世界级地位和卓越绩效之间的相关关系，并提出把速度、成本和质量作为企业向世界级水平前进的测量标准。

　　绩效是企业制造实践和运营能力的综合结果。根据绩效来判断企业是否达到世界级，重心在于强调企业的最终经营成果，根据经营成果来界定世界级企业是最普遍的一种评价方法。通过对企业运作绩效的衡量——其各方面的运作绩效是否达到全球同行业中最突出的水平，来判断一个企业是否达到世界级。

　　实际上，将两种评价方法结合起来才是最优的评价方法，实践的应用及应用程度是手段，而绩效才是目标或结果，只有目标和手段、手段和结果有机结合才能产生卓越的企业。

　　英国学者戴维·德莱曼、斯图尔特·佩宁在他们的著作《世界级管理 12 步骤》导言中提出，"世界级水平只是意味着你有能力与顶级企业抗衡。我们所说的世界级企业，其中大多数都进入了《财富》杂志评选的全球 500 强之列，这些企业通过让广大客户满意的途径，而扩展了自身的规模，他们都是世界竞技场上的高手"。根据这个观点，世界级企业的判断标准主要是通过企业在自己的经营领域的突出表现来评判的。而一个企业能跻身《财富》杂志评选出的 500 强之列，一般都公认为是世界级水平的。他们同时指出，世界级的最高裁决者是顾客，顾客眼中的世界级才是真正的世界级。

　　综上所述，世界级企业就是运用世界级制造实践取得世界级的绩效和世界级的运营能力，从而在全球同行业中确立了独一无二的竞争优势的组织。

　　世界级制造概念的提出具有重大意义。全球化时代，顾客视野宽了，对产品的要求更苛刻了，他们不再满足于本地生产的质量达到他们要求的商品，而是在全球范围内寻找自己满意的商品，这就要求企业适应这种由本地化向世界级转变的趋势。世界级制造的提出，从各方面（绩效、能力、实践和综合表现等）为本地化企业参与国际竞争，与世界接轨提供了学习的标杆、努力的方向。本地化企业应以世界级企业为标杆，以世界级质量和技术标准来约束自己，以确立世界级的绩效和竞争优势。世界级制造更给我们带来了一种全球视野，拥有了这种全球视野，才能积极、主动地把自身经营活动置于世界标准之下，才会把世界一流企业作为自己的竞争对手和努力的目标，才会具有不断引进优秀制造实践、不断改善的动力。

9.4　世界级制造理论的主要研究成果

　　世界级制造理论在国外（尤其是美国、日本、英国）越来越受到重视。随着世界级制造实践的发展，世界级制造逐渐从作为企业的一个竞争目标，逐步发展为一个理论体系，其研究主要集中在两个方面。第一，以世界级企业为研究对象，探究"使这些世界级企业如此优秀的根源"，公认的结论是这些世界级企业脱颖而出的原因在于它们应用了一些优秀的制造实践，即世界级制造实践。这部分研究包括世界级制造的内涵、世界级制造的体系结构、世界级制造的实现方式及技术、世界级制造的绩效评估。第二，强调世界级企业的标杆作用，侧重研究本地化企业如何向世界级企业看齐，探究世界级企业的成长经验向发展中国家（地区）的企业扩散的问题。具体的理论研究包括三个方面：世界级制造实践的确定、世界级制造实践与绩效之间的关系研究、世界级制造实践的扩散研究。

9.4.1　世界级制造实践

世界级制造的研究起源于对日本生产模式的研究。

1984 年，Hayes 和 Wheelwright 比较了美国企业和日德企业，发现了美国企业在经营管理过程中忽略的和做得不够的一些实践，并建议美国企业若想在国际市场上确立竞争优势，就必须大力发展下述六方面的实践：①劳动技巧和能力；②管理层的技术能力；③质量竞争；④工人参与；⑤重建制造工程；⑥不断改进的方法。

Schonberger 提出把 TQM、持续改善、发展供应商关系、产品设计和与 JIT 相关的一系列实践，加入 Hayes 和 Wheelwright 的世界级制造实践中去。沃麦克提出，日本的精益生产方式是"改变世界的机器"。Schonberger 也提出，法国和美国的企业应用了丰田体系后，明显地加速了制造业绩效的改进，这时的"丰田体系"不再是丰田的模式，而是制造业的卓越典范，是世界级的制造业或精益生产。

20 世纪 90 年代前后，人们对世界级制造实践的研究主要集中于对精益生产方式的研究，其主要以精益生产方式和 JIT 所包括的各项制造实践为研究对象，研究它们与制造绩效之间的关系，探究其向发展中国家扩散的路径和相关影响因素。

20 世纪 90 年代中期以来，美国企业界经过 10 多年的反思与追赶，其制造业重振雄风。美国制造企业在发展过程也总结出了许多优秀的实践经验，如敏捷制造、MRP 或 ERP、6σ 管理法、流程重组和时基竞争等，这些实践也被列入世界级制造实践的队伍。

随着信息技术和网络技术的发展，IT 技术得到了重视。Ross 在 1991 年的研究中给出了一个世界级制造的组织模型，指出了 IT 在世界级制造中连接企业战略资源和各项管理职能的作用，确立了 IT 在世界级制造中重要作用。

进入 21 世纪后，企业竞争模式逐渐转向了合作竞争，时间和柔性成为令顾客满意的标准。于是，供应链管理和战略联盟、核心竞争能力与外包等实践也被企业界广泛运用，这些制造实践的产生与应用对企业的生产经营活动产生了深远的影响，也成长为世界级制造实践。

从世界级制造实践的发展演变过程来看，世界级制造实践是企业适应外部环境发展变化，适时调整企业内部各项经营活动及其组织与管理模式的结果。世界级制造实践往往是某一时期广泛关注、引起大量投资并能够使企业确立竞争优势的一些优秀实践。随环境的变化，新的制造实践还会不断出现，替代或改进现有的制造实践。

世界级制造实践的内容是动态的、不断丰富发展的。Hayes 和 Wheelwright 于 1984 年分析日德企业卓越的国际竞争能力后提出六类制造实践。继 Hayes 和 Wheelwright 之后，美国学者 Schonberger、英国学者布赖恩·普雷斯科特、戴维·德莱曼和斯图尔特·佩宁等分别提出了一系列制造实践的内容，使世界级制造实践的内容不断拓宽，见表 9-2。

表 9-2　世界级制造实践的比较

项目	Hayes 和 Wheel wright 的观点[20]	Roth 和 Seal 的观点[178]	Schonberger 的观点[181]	布赖恩·普雷斯科特的观点[182]	戴维·德莱曼等的观点[183]
总原则——以顾客为中心	顾客需求是质量改进的驱动力，要把产品和过程同满足顾客最重要的需求联系在一起	把质量和顾客作为世界级的核心要素。每个人的目标是向顾客提供高质量的产品和服务	让顾客加入，以顾客族(使用、购买产品族)划分组织。操作紧密联系顾客的使用率和需求率	以顾客为中心的领导者风格。策略和经营目标以顾客为中心，并进行定期检查与更新并在组织内广泛交流	以顾客为中心，世界级最高的裁判者是顾客。定期调查和征求意见，使公司与顾客保持密切联系
领导风格——员工参与	不同部门的工人之间、工人与管理层之间培养互相信任的文化。管理层和工人间日常的密切的联系。把员工参与政策化、制度化	打破管理层与工人间及各职能部门间成员的界线，建立动态的跨职能部门的团队，以解决战略和动作方面的问题。取消团队内监工和监督，通过团队培养有战略眼光的领导	一线员工参与到变革和战略计划中——达到一致的目的。一线小组记录现场的过程数据	管理者的领导风格鼓励人们发挥主动性，鼓励人们进行自我管理，并为使顾客满意而承担个人责任	员工授格与员工参与。个人自己确立目标，并进行自我评估。团队制定并实现自己的改进目标。团队参与招聘、购买设备、场地布局、制定预算等工作
员工管理	学徒计划。集中于工作技巧、工作习惯和动机的培训与再培训。培养一批具有工程技术学位的管理者。培训潜在管理者。管理者的轮换	推动知识技巧的发展与评估。发展与组织技术相一致的劳动技巧和能力。寻找出把团队从传统组织控制、奖酬激励中解放出来的途径，培育实现目标的能力	通过跨职能培训、工作和职业的轮换、健康安全的改进等不断加强人力资源管理。扩大报酬系统要素——奖励、认可报酬、仪式等与员工贡献相匹配	为满足经营需要，合格和灵活的员工供应与培训应当是充足的。公司支持培训与开发。公司向员工提供培训与发展的机会	团队合作。奖励和赞赏。有目的的沟通

项目	Hayes 和 Wheelwright 的观点[20]	Roth 和 Seal 的观点[178]	Schonberger 的观点[181]	布赖恩·普雷斯科特的观点[182]	戴维·德莱曼等的观点[183]
过程改进	恰当的设备投资。加强对现有设备的复杂性维修、过程升级持续改进能力	基于对未来竞争需要发展一个投资战略——通过组织不断加强技术。计划技术升级与基础结构的升级相一致,只有基础结构能够与所提供的技术优势相联合,才能获益	在考虑新装备和自动化之前,改善目前的装备和人的劳动。追求简单的、柔性的、可移动的、低成本的、可能的设备和劳动工具。削减流动时间,距离,转换时间	生产率、单位成本和适应性与最好的竞争对手一样,甚至更好。实施再造工程。实施经营改进组	最佳操作办法和不断地改进
质量管理	产品与过程联合满足顾客最重要需求。长期的质量使命。高度重视产品设计。产品设计和质量改进方面的部门共同参与	从顾客的要求角度定义质量,把顾客接近作为第一竞争优先级。把顾客接近概念融入到组织中,结果组织中的每个人都面对一个顾客,每个人目标是向顾客提供高质量的产品和服务	在质量方面进行持续的改进	在与主要竞争者的比较中,顾客给以产品和服务的质量高等级的评定。已经制定了用以衡量顾客满意度的标准,如质量、送货服务、今后服务	要求来设计。各种质量控制方法的应用。控制手段,如查错装置的应用程度。不断消除浪费
计划与控制	—	制造战略确定了系统的目标,位于三角形模式的两腰,支撑着整个系统。绩效评估系统与其他要素共同构成制造系统的坚实的基础	控制根本原因削减内部事务和报告。将表现考核与顾客需求相一致	主要集中在过程控制方面——极力确保他们的过程、工作方法及技术与本部分中的最佳状态一样好或者更好	评估体系是保持不断改进的必由之路。高层管理或来访者通过显示的数据,可以判断出任何一个部门在任何一段时间内的动作情况
不断改进	持续改进。对顾客需求改变的持续适应	建立柔性运作系统以对产品和市场变化迅速做出反应。建立一个鼓励不断学习的评估系统。提高企业员工学习、适应变化的能力和相应领域改进绩效的能力。制订一个渐进的学习计划	在质量、反应时间和价值方面进行持续的迅速的改进。持续费削减变异和事故	其最终目标是通过一个不断改善和过程达到世界级标准	不断地改进操作方法。不断学习成为一种生产方式。不断的技术培训使员工成为具有竞争力的资产

20 多年来，世界级制造实践不仅拓宽了内容，增加了很多实践，而且就某一实践内容也在不断演进。例如，质量管理从最初的设计质量到设计、工艺质量，又到全面质量管理；从科学管理的质量效率到准时生产环境下的永无止境的质量改进，再到通用公司的 6σ 管理法。可见，世界级制造实践的内容是一个动态的、不断演进的研究领域，它构成了世界级制造理论的研究基础，是研究的主要对象主体。本书也不例外，以一系列的世界级制造实践为研究对象，对其进行分类，研究每一类制造实践对企业绩效的影响，每一类制造实践发挥其应有作用的条件。

9.4.2　世界级制造的框架结构

Giffi 等提出了一个完整的世界级制造框架结构图[178]。Giffi 等把质量与顾客作为世界级的核心要素，把世界级制造实践分为七个方面：制造战略、制造能力、管理方法、组织要素、人力资本、技术和绩效评估。这七方面的实践形成一个框架模式，共同提高产品的质量和对顾客的服务水平。他们的观点与美国国家制造科学中心的研究结论很相似。

1988 年，美国国家制造科学中心对世界级制造的框架进行了一项专题研究，并为美国制造业在 21 世纪全球竞争中取胜提供了一个实施世界级制造的计划。作为这项研究的报告，国家制造科学中心于 1990 年出版了《在世界级制造中竞争》一书，在书中提出了世界级制造的架构，并提出作为世界级制造企业，不论其所处的行业与规模怎样，都具有相同的架构（图 9-1）：世界级制造的系统目标是改善质量和服务顾客，它们位于架构的核心，在它的统帅下对其他七项战略要素进行组合。实现这两项目标的途径包括七个方面，构成了世界级制造的七个战略要素：管理模式、制造战略、制造能力、绩效评估、人的因素、组织结构和技术。每一要素都有一系列的运作原则，这些原则是取得世界级绩效的关键。

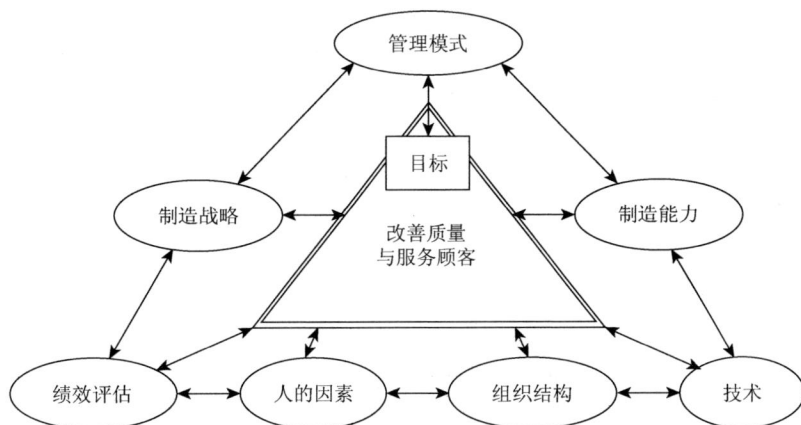

图 9-1　世界级制造框架

　　管理模式位于架构的顶端，通过特定的管理模式把其他七项战略要素有机地组合起来，以高效率地完成该系统的功能目标。制造战略和制造能力位于三角形的两腰，支撑着整个体系，制造战略确定了系统的目标，制造能力提供了实现目标的保证；绩效评估、人的因素、组织结构和技术位于三角形的底线，正是它们的有机结合和最佳配置构成系统坚实的基础。

　　该模型提出了世界级制造的核心在于为顾客提供价值，为了达到这个目标，需要在七个方面努力，分别选择最适宜的实践活动及组织管理方式。图 9-1 全面地概括了世界级制造实践的研究内容及其相互作用关系，表明世界级制造是企业运作系统各方面活动综合作用的结果。它也提供了世界级制造实践的又一种分类方法。

　　Gunn 于 1987 年提出了一个优势制造模型，这个模型将世界级制造分为四个层次，并描述每个层次的构成要素及各构成要素之间的关系，被认为是对世界级制造计划和实施非常有用的参考模型。

　　第一层是企业的战略使命。世界级制造的总体目标是瞄准全球市场和全球竞争者，力求成为全球同行业中最具有优势的企业。Gunn 还提出库存周转率、质量缺陷和提前期是衡量世界级制造能力的三个量化指标。

　　第二层是世界级制造系统必须进行有效管理的四个资源：质量、人力资源、技术和计划。其中，质量处于首位，是世界级制造的目标和核心，是向顾客提供的有用价值的体现；人力资源管理是推行世界级制造的关键，全体公司员工的观念转变和思维方式的转变是世界级制造成功的关键要素；技术包括加工技术和管理技术，是企业竞争优势的来源；计划是指世界级制造的战略规划与统筹安排。

　　第三层是一体化的制造过程。世界级制造的制造过程强调系统性与整体性。所以，世界级制造强调用整体观和系统观来分析和解决制造过程的问题。

　　第四层是世界级制造的三个支柱：计算机集成制造、全面质量管理和准时生产。从当前世界级制造的实践者来看，他们在迈向世界级目标时，所选择的实现方式有所不同，有的通过推行全面质量管理达到世界级水平；有的通过推行准时生产达到世界级水平；有的通过实施计算机集成制造系统达到世界级水平。这证明了达到世界级水平的目标只有一个，而实现的途径却有多种，企业应选择适合于自身内外环境与优劣势的道路向世界级水平进军。

9.4.3　世界级制造实践与绩效关系的研究

　　世界级制造理论中一个非常重要的问题是，世界级制造实践的应用如何取得相应世界级的绩效，这方面的研究主要集中在对二者关系的验证性研究上，学者们从不同的角度对世界级制造实践与绩效关系进行验证，得出了许多有意义的结论。

世界级制造理论最重要的研究假设是，优秀制造实践能带来优秀绩效。所以，对二者关系的验证性研究成了该理论的重要组成部分。学者们从不同的角度对世界级制造实践与绩效关系进行验证，得出了许多有意义的结论。这部分的研究侧重于两个方面，一方面是，世界级实践与绩效关系的验证性研究；另一方面是，环境对世界级制造实践的选择与应用的影响。

1. 世界级实践与绩效关系的验证性研究

对世界级制造实践与绩效关系的最早研究始于 Hayes 和 Wheelwright，他们提出了一系列的制造实践，并说明了这些实践的优越性。后来，Schonberger 进一步研究了世界级制造实践的内容及其先进性。Voss 和 Blackmon 指出，应用最优实践将会改善企业运作绩效，优秀的实践能带来竞争力的提高[76]。Flynn 等用路径分析和结构方程等方法，验证了质量管理和 JIT 分别对绩效的影响，以及二者的协同对绩效的影响[70]。Nazim 分析了 TQM、JIT、制造单元、FMS、标杆学习、并行工程等优秀制造实践，他得出结论：企业运用上述制造实践中的任何一项都比不用有更好的绩效，即企业应用优秀管理实践取得了高于平均绩效的绩效。Michiya Morita 对优秀管理实践与绩效关系进行更系统的研究，他提到了一个实践-绩效关系函数式：

$$P=f\ (SP,\ BMC)$$

其中，P 代表潜在绩效，主要指成本、质量、柔性和交货；SP 代表系统实践（System practice），包括系统方法、质量小组、TQM、JIT、统计过程控制和作业成本会计法等实践的应用；BMC 代表组织行为与管理特征（Behavior and managerial characteristics），包括分权化、跨职能团队、创新动机等。

该函数式表明绩效是各类实践的函数，不同的实践选择与组合使企业产生不同的绩效。

学者们对世界级制造实践与企业绩效之间关系的验证性研究，证明了世界级制造实践的相对优越性与企业运作绩效呈明显的正相关关系。这一结论是世界级制造实践在国际间扩散和发展中国家（地区）引进这些世界级制造实践的必要条件。研究表明，引用世界级制造实践的企业没有取得理想的绩效，原因不是世界级制造实践本身的优越性有问题，而是实践本身之外的因素在起作用。因此，我们应从最优实践应用的环境与条件方面去探寻原因，为分析世界级制造实践应用的绩效问题提供了新的思路。

2. 环境与对世界级制造实践的选择与应用的影响

Chalmers 大学和 London Business School 发起了 IMSS 项目，并于 1998 年出版了他们的研究报告《国际制造战略：环境、内容与变化趋势》。报告描述了 20

多个国家的制造战略，并详细验证了国家环境与这些国家制造战略之间的关系，指出一个企业如果想达到世界级的绩效，就必须大力引用大量的世界级制造实践。报告中重点比较了日本、美国和其他欧洲国家在制造实践上差异，以及这些差异的重要成因。报告中还分析了不同国家之间、同一国家的不同企业之间在变革轨迹上的巨大差异及其成因，以及这种差异产生的后果。

Voss 和 Blackmon 重点分析了国家环境（历史发展、社会价值观念等）对德国和英国世界级制造实践的应用及相应绩效水平的影响[76]。由于两国文化背景的不同，在制造实践的选择过程，各项制造实践的优先次序不同，取得的制造绩效也不同。因此，可以从英德两国环境的差别解释德国有更优的实践和绩效：德国一直对制造业的发展有更积极的态度。除了 Voss 和 Blackmon 以外，IMSS 项目中的其他学者也分别研究了阿根廷、巴西、芬兰、荷兰、意大利、日本、英国、挪威、葡萄牙、美国、加拿大等国的社会、经济、历史、文化环境，对国家制造战略和制造实践的选择产生的影响进行了详细地分析论证，不仅得出了许多有意义的结论，而且在研究方法方面为我们提供了借鉴。

这些研究主要探究了宏观环境要素如何影响世界级制造实践选择及其应用绩效，其研究结论对世界级制造实践引入国具有重要的指导意义。它告诉我们：企业所处的内外环境对世界级制造实践的应用绩效具有重要的影响。但目前的研究，主要集中在国家环境（政治、经济、文化）和科技环境对世界级制造实践应用绩效的影响，而对"企业内部因素——实践选择决策、企业战略、企业的执行系统、企业的文化等如何影响世界级制造实践的选择及应用"方面的系统性研究还很薄弱，环境对 WCM 影响的探索性研究构成了本书的主体内容。

目前，世界级制造实践与绩效关系的研究中，除上述一般意义上的制造实践与绩效关系研究成果外，大多数的研究集中在某一项制造实践与企业运作绩效或经营绩效的关系研究上。例如，先进制造技术与绩效之间的关系，既包含了单项制造技术与绩效之间的关系，如并行工程与产品生产准备时间的关系、计算机集成制造与运作绩效的关系；又包含了管理实践对绩效的关系，如 TPM 与绩效的关系、供应商关系与企业绩效之间的关系、全面质量管理与绩效之间的关系、敏捷制造与企业绩效之间的关系、供应链管理与绩效之间的关系等。

9.4.4　世界级制造实践的扩散与比较研究

一般认为是美国和日本在引领着世界其他地区的制造实践与制造绩效的发展。许多世界级制造实践都首创于日本和美国，于是出现了世界级制造实践由日本和美国向世界其他地区扩散的问题。

Voss 和 Blackmon 认为，世界上最优秀的制造企业集中在美国、日本、德国、法国、意大利和英国，所以，世界级制造项目的研究主要以美国、日本企业为研究对象。美国和日本通常被认为在制造实践应用和绩效方面是引领世界潮流的，许多被公认为是"世界级制造实践"的实践都产生于美国和日本。世界级制造实践以美日企业为扩散源，向普通企业和发展中国家（地区）扩散。各个国家应用这些世界级制造实践的水平及相应绩效水平有很大差距。

一般地，跨国公司被认为是世界级制造实践向外扩散的最主要途径。Voss 和 Blackmon 证实了外国投资企业比本地企业在制造实践和制造绩效水平方面都要高，进一步表明跨国公司在世界级制造实践扩散方面的作用。

Mefford 和 Bruun 分析了世界级制造方法和技术向发展中国家扩散的战略原因，提出了技术扩散的五个阶段：战略选择阶段；过程选择阶段；生产系统选择阶段；运作方法选择阶段；人力资源政策选择阶段[77]。他们分别用二维矩阵的方法描述了这五个相互衔接的阶段，构造了生产技术的选择模型。生产技术的选择模型详细说明了生产技术的选择过程，对企业选择应用制造实践具有重要指导意义。Mefford 和 Bruun 的研究方法对后人的研究也具有重要的借鉴作用和启迪作用。有学者指出，企业在引用这些优秀制造实践时，要注意实践之间的匹配性。只有实践之间是匹配的，才能实现企业绩效的最大化。

9.4.5　关于世界级制造研究方法综述

世界级制造实践的选择是操作性很强的一个研究领域，其研究方法以验证性研究为主，定性分析为辅，主要是通过调研技术和多元统计技术来进行。调研技术获得信息数据，利用统计技术（如相关分析，路径分析等研究方法）建立多元回归模型或结构方程模型，然后求解，验证其假设的因果关系是否成立，最后得出结论。这类研究方法在国外相当成熟和普遍。

国内对制造战略的研究开始于 20 世纪 90 年代后期。上海交通大学李晓斌博士首次研究了制造战略中组织和人的问题。中国人民大学谢鹏博士研究了制造企业管理的战略、方法、组织问题，并详细介绍了制造战略、世界级制造理论的研究内容及国外的研究情况[180]。徐学军以"生产战略研究评述"为理论综述的形式介绍了生产战略（manufacturing strategy）[90]。蒋晓枫、戴昌钧介绍了日本生产战略的发展动向，并对中日两国的制造战略进行了比较[91]。哈尔滨工业大学倪文斌博士系统研究了制造战略中的一致性问题[113]。国内对制造战略的研究表明：企业制造职能的竞争优势问题已经引起了人们的关注。但对于如何引用世界级制造实践，改善企业制造系统的竞争力问题的研究仍是一个薄弱环节。

国内制造领域的研究，更多的是定性的研究，定量的研究相对不足。定量研究主要是在先进制造技术方面有一些评价模型和措施体系。最近，国内学者也开始采用一些高级统计方法来研究我国制造业。清华大学的张华和薛澜应用主成分分析、因子分析方法和聚类分析方法，分析了我国制造业知识特性；北京大学的刘伟等在分析北京市发展现代制造业的经济依据；中南财经大学的胡立君和陈晶在分析中国打造世界制造中心所依赖的路径时都运用了实证分析的方法。这意味着我国制造领域在研究方法方面开始与国外的相关研究接轨。

9.5　世界级制造有待进一步研究的课题

今后在下面几个课题方面还需进一步深入探讨。

（1）世界级制造的持续优势问题。世界级制造的提出是对 20 世纪 70～80 年代的具有全球竞争优势的日本和德国制造企业的一种描述。20 世纪 90 年代至今，日本的经济陷入严重的衰退，日本制造企业在全球 500 强中的排名大后退。夕日令人瞩目的世界级企业，为何今日优势不保呢？可见，"世界级"只是某一时期的顶级状态，如何实现世界级企业的"基业长青"，如何促使企业从世界级走向卓越，是世界级制造领域应进一步探讨的问题。

（2）"世界级制造实践带来世界级绩效"的假设问题。"世界级制造实践带来世界级绩效"这是世界级制造理论公认的假设前提，但现实却有大量的优秀制造实践在应用中失败或不能取得预期绩效的现象，这说明世界级制造实践带来世界级绩效是有条件的，那么"这个假设成立的条件是什么"是值得我们进一步探讨的问题。

（3）制造实践绩效评估体系研究。这类研究需要大量的实证调查，难度较大，但意义很重要。制造实践绩效的衡量指标，仅用财务指标是不可取的，要建立一个综合集成的评估指标和体系，才能科学地评估制造实践的绩效。这一领域的研究尚待深入。

（4）发展中国家的企业赶超世界级企业的问题。每个发展中国家都有良好的赶超世界级企业的愿望，如何实现呢？从国家的层面如何行动？从企业的层面如何行动？这都是我们发展中国家的研究人员和实践者应特别关注的问题。

（5）发展中国家引用世界级制造实践问题。世界级制造实践不一定带来优势绩效，但若达到世界级，必须引用世界级制造实践。世界级制造实践多由美国、日本等国首创，随着其海外投资的不断扩大，这些优秀的制造实践也随之向外扩散，世界级制造实践的扩散和跨国、跨区的比较研究成为新的研究热点。

目前的研究主要集中在世界级制造实践由发达国家向发展中国家扩散与转移的问题，而且研究的数量还很少，对于发展中国家如何立足于本国的国情引用世界级制造实践，跻身于全球竞争环境中，还是研究的薄弱环节。

9.6　对世界级制造理论研究现状的评价

综上所述，对世界级制造现有研究成果有以下评述。

世界级制造理论在 20 世纪 80 年代提出至今已经经历了近 30 年，它在国外（尤其是美国、日本、英国）越来越受到重视，其研究虽然已经基本形成体系（图 9-2），但还不够成熟，有待进一步研究。

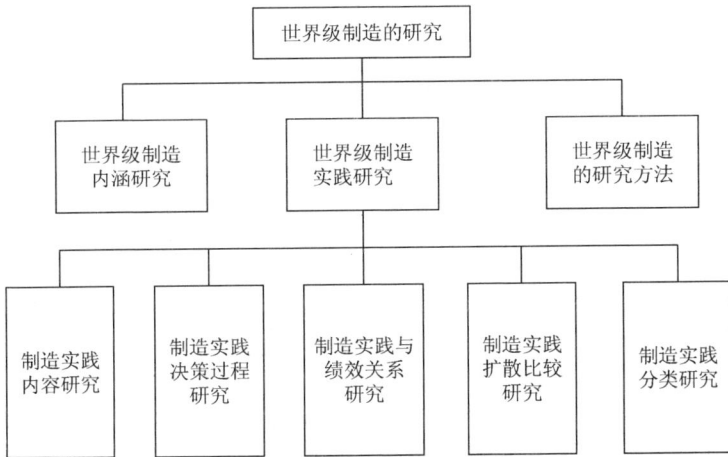

图 9-2　世界级制造理论的研究体系

（1）世界级制造内涵模糊。世界级制造最初是对具有全球竞争优势企业的一种描述，强调通过制造职能的改善来达到世界级制造。到今天，世界级成为企业界追求的理想目标。对世界级的评价存在三种观点：基于绩效的界定；基于能力的界定；基于实践的界定。这三种观点都是只考虑了企业的某一方面的特征，而且描述模糊，没有形成统一的、明确的世界级的判别标准。

世界级制造实质是一种思想，一种理念——一种冲破狭隘的市场竞争理念，放眼全球、放眼世界的理念。拥有了这种全球视野，才能积极、主动地把自身经营活动置于世界标准之下，才会把世界一流企业作为自己的竞争对手和努力的目标，才会具有不断学习、不断改进的动力，这才是研究世界级的根本目的。

（2）世界级制造理论强调优秀的制造实践能带来优秀的制造绩效。达到世界级的根本途径是大力实践世界级制造。目前，世界级制造实践是以 Hayes 和 Wheelwright 的六类实践为基础，并不断补充发展起来的，它是包括了众多优秀制造实践的一个庞大的企业实践体系，这些实践渗透在企业运营系统的各项活动之中，已经成为一个特定的称谓。之所以称为世界级制造实践是因为这些实践是世界级制造理论和世界级制造项目所研究的主要对象，这些实践还是企业达到世界级水平的途径。Schonberger 曾说："通过采用 JIT/TQ，你的企业就会加入到令人羡慕的行列中来。"然而，在实施世界级制造实践过程中却出现了大量的失败案例。调查结果表明：在已实施的企业流程再造中，高达 70%的再造项目并未达到预定的目标。例如，我国企业至今在 ERP 系统上投资人民币逾 80 亿元，但成功率只有 10%～20%；供应链或战略联盟是以实现合作双方的"双赢"为典型特征的先进组织形式，但其失败率却达 50%～60%；20 世纪 80 年代中期我国的一些企业就开始引用 JIT 生产方式，但至今真正成功的却很少等。为什么会这样呢？这其中不乏盲目实施所产生的负面影响。如何做到理性决策是成功实施世界级制造实践的基础。然而我们对这个问题的研究还很薄弱，这构成了本书研究的出发点。

（3）世界级制造实践的扩散。目前的研究主要集中在世界级制造实践由发达国家向发展中国家扩散与转移的问题，而且研究的数量还很少，对于发展中国家如何立足于本国的国情理性引用世界级制造实践，跻身于全球竞争环境中，还是研究的薄弱环节。站在引入企业的角度上分析世界级制造实践的扩散是本书的研究角度。

（4）世界级制造实践与绩效关系。尽管目前对世界级制造实践与绩效关系的研究很多，但以验证二者之间的存在正相关关系为主。一个企业如何才能成功地实施所需要的世界级制造实践？如何使某一项世界级制造实践达到预期的效果呢？虽然前人对实践绩效关系进行了大量的验证，但只是说明了世界级制造实践确实能带来绩效改进，即它具有相对优越性，而这种相对优越性如何发挥出来？发挥出来需要什么条件？这都需要从实践的选择与应用全过程去寻找答案。

参 考 文 献

[1] 迈克尔·波特. 国家竞争优势. 李明轩，邱如美，译. 北京：华夏出版社，2002

[2] Skinner W. Manufacturing-missing link in corporate strategy. Harvard Business Review，1969：136-145

[3] Skinner W. Production under pressure. Harvard Business Review，1966，44（11-12）：139-146

[4] Skinner W. The anachronistic factory. Harvard Business Review，1971，49（1-2）：61-70

[5] Skinner W，Sasser W E. Managers with impact：versatile and inconsistent. Harvard Business Review，1977，55（11-12）：140-148

[6] Skinner W. The focused factory. Harvard Business Review，1974，52（5-6）：113-121

[7] 迈克尔·德托佐斯，等. 美国制造——如何从渐次衰落到重振雄风. 惠永正，等，译. 北京：科学文献出版社，1998

[8] 罗振璧，汪劲松，周兆英等. 灵捷制造——21世纪的企业战略. 机械工程学报，1994，8（4）：1-6

[9] Hayes R H，Schmenner R W. How should you organize manufacturing. Harvard Business Review，1978，56（1-2）：105-118

[10] Wheelwright S C. Reflecting corporate strategy in manufacturing decisions. Business Horizons，1978，21（1）：57-66

[11] Hayes R H，Wheelwright S G. The dynamics of process-product life cycles. Harvard Business Review，1979，57（3-4）：127-136

[12] Sackett P J，Evans S. Implementing computer aided process planning. International Jounal of Operations&Production Management，1981，2（2）：21-29

[13] Waterlow J G. Manufacturing systems research：Where are the boundaries. International Journal of Operations&Production Management，1983，3（3）：49-59

[14] Pegels C. The Toyota production system—lessons for American management International Journal of Operations&Production Management，1984，4（1）：3-11

[15] Fine C H，Hax A C. Manufacturing strategy：a methodology and an illustration. Interface，1985，15（6）：28-46

[16] Voss C A. Implementing manufacturing technology：a manufacturing strategy approach. International Journal of Operations&Production Management，1986，6（4）：17-26

[17] Platts K W，Gregory M J. Manufacturing audit in the process of strategy formulation. International Journal of Operations&Production Management，1990，10（9）：5-26

[18] Platts K W. A process approach to researching manufacturing strategy. International Journal of Operations&Production Management，1993，13（8）：4-17

[19] Prochno P J L C，Corrêa H L. The development of manufacturing strategy in a turbulent environment. International Journal of Operations&Production Management，1995，15（11）：20-36

[20] Hayes R H，Wheelwright S C. Restoring our Competitive Edge：Competing through Manufacturing. New York：John Wiley and Sons，1984

[21] Hayes R H, Wheelwright S C. Link manufacturing process and product life cycles. Harvard Business Review, 1979, 57 (1-2): 133-140

[22] Kotha S, Orne D. Generic manufacturing strategies: a conceptual synthesis. Strategic Management Journal, 1989, 10: 211-231

[23] Miller J G, Roth A V. A taxonomy of manufacturing strategies. Management Science, 1994, 40 (3): 285-304

[24] Wathen S. Production processes and organizational policies. International Journal of sOperations& Production Management, 1993, 13 (1): 56-70

[25] Spina G. Manufacturing paradigms versus strategic approaches: a misleading contrast. International Journal of Operations&Production Management, 1998, 18 (8): 684-709

[26] Dangayach G S, Deshmukh S G. Manufacturing strategy: Literature review and some issues. International Journal of Operations&Production Management, 2001, 21 (7): 884-932

[27] Ferdows K et al. Evolving global manufacturing strategies: projections into the 1990s. International Journal of Operations&Production Management, 1986, 6 (4): 6-16

[28] Lindberg P. Strategic manufacturing management: a proactive approach. International Journal of Operations&Production Management, 1990, 10 (2): 94-106

[29] Vastag G et al. Logistical support for manufacturing agility in global markets. International Journal of Operations&Production Management, 1994, 14 (11): 73-85

[30] Whybark D C. GMRG survey research in operations management. International Journal of Operations&Production Management, 1997, 17 (7): 686-696

[31] Tan R R. Establishing technology transfer infrastructure as a strategy for promoting manufacturing automation in Taiwan. Technovation, 1995 (15): 407-421

[32] Pun K F et al. Determinants of manufacturing strategy formulation: a longitudinal study in Hong Kong. Technovation, 2004 (24): 121-137

[33] Robb D J, Xie B. A survey of manufacturing strategies in China-based enterprises. Internationall Journal of Production Economics, 2001 (72): 171-199

[34] Dangayach G S, Deshmukh S G. Evidence of manufacturing strategies in Indian industry: a survey. International Journal of Production Economics, 2003 (83): 279-298

[35] Boyer K, McDermott C. Strategic consensus in operations strategy. Journal of Operations Management, 1999, 17: 289-305

[36] Wheelwright S C, Hayes R H. Competing through manufacturing. Harvard Business Review, 1985, 63 (1-2): 99-109

[37] Hill T J. Teaching manufacturing strategy. International Journal of Operations&Produtcion Management, 1986, 6 (3): 10-20

[38] Swamidass P M, Newell W T. Manufacturing strategy, environmental uncertainty and performance: a path analytic model. Management Science, 1987, 33 (4): 509-524

[39] Hayes R H, Pisano G P. Beyond world-class: the new manufacturing strategy. Harvard Business Review, 1994, 72 (1-2): 77-86

[40] Swink M, Way M H. Manufacturing strategy: Propositions, current research, renewed directions. International Journal of Operations&Production Management, 1995, 15 (7): 4-26

[41] Berry W L，Hill T，Klompmaker J E. Customer-driven manufacturing. International Journal of Operations&Production Management，1995，15（3）：4-15

[42] Leung H-N. A research in manufacturing strategy and competitiveness：models and practices. The Hong Kong Polytechnic University PhD thesis. 2002

[43] Narasimhan R，Swink M，Kim S W. An exploratory study of manufacturing practice and performance interrelationships：Implications for capability progression. International Journal of Operations&Production Management，2005，25（10）：1013-1033

[44] Slack N. Flexibility as a manufacturing objective. International Journal of Operations&Production Management，1983，3（3）：4-13

[45] Slack N. The flexibility of manufacturing systems. International Journal of Operations&Production Management，1987，7（4）：35-45

[46] Stalk G，Jr. Time-the next source of competitive advantage. Harvard Business Review，1988：41-51

[47] Meredith J R，McCutcheon D M，Hartley J. Enhancing competitiveness through the new market value equation. International Journal of Operations&Production Management，1994，14（11）：7-22

[48] Sousa R，Voss C A. Quality management re-visited：a reflective review and agenda for future research. Journal of Operations Management，2002（20）：91-109

[49] Garvin D A. Manufacturing strategic planning. California management review. Summer. 1993：85-106

[50] Spring M，Boaden R. one more time：how do you win orders? a critical reappraisal of the Hill manufacturing strategy framework. International Journal of Operations&Production Management，1997，17（8）：757-779

[51] Orr S. The role of technology in manufacturing strategy：experience from Australian wine industry. Integrated Manufacturing Systems，1999，10（1）：45-55

[52] Prahalad C K，Hamel G. The core competence of the corporation. Harvard Business Review，1990：79-91

[53] Ward P T，Bickford D J，Leong G K. Configurations of manufacturing strategy，business strategy，environment and structure. Journal of Management，1996，22（4）：597-626

[54] Roth A V，van der Velde M. Operations as marketing：a competitive service strategy. Journal of Operations Management，1991，10（3）：303-328

[55] Hill T J. Manufacturing Strategy：the Strategic Management of the Manufacturing Function. Lodon：Macmillan，1985

[56] New C. World-class manufacturing versus strategic trade-offs. International Journal of Operations&Production Management. 1992，12（6）：19-31

[57] Silveira G D. Improving trade-offs in manufacturing：method and illustration. Internationall Journal of Production Economics，2005（95）：27-38

[58] 迈克尔·波特. 竞争优势. 陈小悦 译. 北京：华夏出版社，1997

[59] Wheelwright S C. Japan–where operations are truly strategic. Harvard Business Review，1981：67-74

[60] Mapes J，Szewjczewski M，New C. Performance trade-offs in manufacturing plants. International Journal of Operations&Production Management. 1997，17（10）：1020-1033

[61] Boyer K K，Lewis M W. Competitive priorities：Investigating the need for trade-offs in operations strategy. Production and Operations Management，2002，11（1）：9-20

[62] 詹姆斯·沃麦克，等. 改变世界的机器. 沈希瑾，等译. 北京：商务印书馆. 1999

[63] Silveira G D，Slack N. Exploring the trade-off concept. International Journal of Operations& Production Management. 2001，21（7）：949-964

[64] Ferdows K，De Meyer A. Lasting improvements in manufacturing performance：in search of a new theory. Journal of Operations Management，1990，9（2）：168-169

[65] Hayes R H，Pisano G P. Manufacturing strategy：at the intersection of two paradigm shifts. Production and Operations Management，1996，5（1）：25-41

[66] Clark K B. Competing through manufacturing and the new manufacturing paradigm：is manufacturing strategy passé?. Production and Operations Management，1996，5（1）：42-58

[67] Berry W L，Hill T. Linking systems to strategy. International Journal of Operations&Production Management，1992，12（10）：3-15

[68] Kinnie N J，Staughton R V W. Implementing manufacturing strategy——the HRM contribution. International Journal of Operations&Production Management，1991，11（9）：24-40

[69] Schonberger R J. World Class Manufacturing. New York：Free Press，1986

[70] Flynn B B et al. World-class manufacturing project：overview and selected results. International Journal of Operations&Production Management，1997，17（7）：671-685

[71] Flynn B B，Schroeder R G，Flynn E J. World class manufacturing—an investigation of Hayes and Wheelwright's foundation. Journal of Operations Management，1999（17）：249-269

[72] Harrison A. Manufacturing strategy and the concept of world class manufacturing. International Journal of Operations&Production Management，1998，18（4）：397-408

[73] Milling P M，Maier F H，Mansury D. Impact of manufacturing strategy on plant performance——insights from the International research project：world class manufacturing. Conference of European Operations Management Association 1999，1999：573-580

[74] Yamashina H. Challenge to world-class manufacturing. International Journal of Quality & Reliability Management，2000，17（2）：132-143

[75] Saxena K B C，Sahay B S. Managing IT for world-class manufacturing：the Indian scenario. International Journal of Information Management，2000（20）：29-57

[76] Voss C，Blackmon K. The Impact of National and Parent Company Origin on World-Class Manufacturing：Findings from Britain and Germany. International Journal of Operations& Production Management，1996，16（11）：98-115

[77] Mefford R N，Bruun P. Transferring world class production to developing countries：A strategic model. International Journal of Production Economics，1998，（56-57）：433-450

[78] Hanson P，Voss C. Benchmarking best practice in European manufacturing sites. Business Process Re-engineering & Management Journal，1995，1（1）：60-74

[79] Davies A J，Kochhar A K. Manufacturing best practice and performance studies：a critique. International Journal of Operations&Production Management，2002，22（3）：289-305

[80] Morita M，Flynn E J. The linkage among management systems，practices and behaviour in successful manufacturing strategy. International Journal of Operations&Production Management，1997，17（10）：967-993

[81] Wheelwright S C. Manufacturing strategy：defining the missing link. Strategic Management Journal，1984，5（1）：77-91

[82] Kim J S，Arnold P. Manufacturing competence and business performance：a framework and empirical analysis. International Journal of Operations&Production Management，1992，13（10）：4-25

[83] Kim J S，Arnold P. Operationalizing manufacturing strategy：an exploratory study of constructs and linkage. International Journal of Operations&Production Management，1996，16（12）：45-73

[84] Ward P T，Duray R，Leong G K，et al. Business environment，operations strategy，and performance：an empirical study on singapore manufacturers. Journal of Operations Management，1995（13）：99-115

[85] Bozarth C C. A conceptual model of manufacturing focus. International Journal of Operations&Production Management，1993，13（1）：81-92

[86] Rho B H，Yu Y M. A comparative study on the structural relationships of manufacturing practices，lead time and productivity in Japan and Korea. Journal of Operations Management，1998（16）：257-270

[87] 石涌江. 生产战略——中国制造系统现代化不可缺少的环节. 管理工程学报，1990，4（4）：58-63

[88] 石涌江. 企业生产系统的竞争与发展战略. 管理世界. 1992，6：125-130

[89] 石涌江，陈文. 论生产管理理论体系的重新构造问题. 管理工程学报，1995，9（2）：117-122

[90] 徐学军. 生产战略研究评述. 决策与决策支持系统，1997，7（3）：92-99

[91] 蒋晓枫，戴昌钧. 日本制造企业生产战略研究及其发展动向. 外国经济与管理，1999，10：34-38

[92] 蒋晓枫，戴昌钧. 中日企业生产战略之比较. 中国软科学，1999，10：105-107

[93] 戴昌钧，周国平，潘洁. 世界制造业生产竞争战略的动向及其启示. 管理工程学报，1999，4：13-16

[94] 戴昌钧，李金明. 外国企业生产竞争战略新动向. 中外管理，1998，3：24-26

[95] 李金明，戴昌钧. 生产竞争态势的国际比较. 中国纺织大学学报，1998，24（2）：37-40

[96] 黄卫伟. "集中工厂"与集中制造战略. 中国科技信息，1996，10：31-32

[97] 张曙. 绿色：21世纪的挑战——可持续发展的制造战略. 机电一体化 1998，2：4-7

[98] 张曙. 美国的"下一代制造"和我们的对策. 中国机械工程，2000，1：97-100

[99] 张曙. 制造战略面面观. 中国制造业信息化，2003，9：4-9

[100] 张曙. 对我国制造业中长期发展战略的思考. 中国工程科学，2004，5：2-7

[101] 程发新，殷进功，刘磊，等. 制造战略是我国制造企业战略研究的当务之急. 中国软科学，2002，11：123-124

[102] 廖春良，程发新，唐承睿. 制造战略是提升我国制造业竞争能力的有力武器. 工业工程与管理，2003，1：13-16

[103] 程发新，李怀祖，廖春良. 企业制造部门的战略参与对竞争能力及绩效的影响研究. 管理工程学报，2003，4：51-54

[104] 廖春良，程发新，张根能. 制造企业竞争重点要素识别及量化分析. 科研管理，2004，3：66-71

[105] 张慧颖，朱德志，赵先德，等. 对中国制造业运作策略的聚类分析及实证研究，南开管理评论，2003，4：49-53

[106] 倪文斌，田也壮，姜振寰，等. 中日制造企业制造战略分类研究. 管理工程学报，2003，4：19-22

[107] 倪文斌，田也壮，姜振寰. 制造战略研究现状、问题及趋势. 管理科学学报，2003，6（5）：79-86

[108] 王凤霞，田也壮. 中美企业制造业战略的比较研究. 学术交流，2005，6：65-68

[109] 徐国华，杨东涛. 制造竞争优先权的角色研究. 江苏社会科学，2003，6：53-57

[110] 杨东涛，陈社育. 公司制造战略检测量表的修订与实证研究. 南京大学学报（哲学·人文科学·社会科学版），2004，1：60-64

[111] 孙怀平，杨东涛，宋联可. 制造战略理论的基本模式研究. 现代管理科学，2005，7：11-12，42

[112] 魏江茹，杨东涛. 制造战略研究回顾与展望. 软科学. 2005，19（5）：65-67

[113] 倪文斌. 制造战略一致性关联模型研究. 哈尔滨工业大学博士学位论文. 2003

[114] Cagliano R，Acur N，Boer H. Patterns of change in manufacturing strategy. International Journal of Operations&Production Managemenc，2005，25（7）：701-718

[115] E. D. Minor III，R. L. Hensley，D. R. Wood，A review of empirical manufacturing strategy studies. International Journal of Operations&Production Management，1994，14（1）：5-25

[116] Prasad S，Babbar S，Motwani J. International operations strategy：current efforts and future directions. International Journal of Operations&Production Management，2001，21（5/6）：645-665

[117] Gilgeous V. Strategic concerns and capability impeders. International Journal of Operations&Production Management，1995，15（10）：4-29

[118] Mills J，Platts K，Gregory M. a framework for the design of manufacturing strategy process：a contingency approach. International Journal of Operations&Production Management，1995，15（4）：17-49

[119] Anderson J C，Schroeder R G，Cleveland G. The process of manufacturing strategy：some empirical observations and conclusions. International Journal of Operations&Production Management，1991，11（3）：86-110

[120] Miles R E，Snow C C，Meyer A D，et al. Organizational strategy，Structure，and process. Academy of Management Review，1978，3：546-562

[121] Meyer A，Tsui A，Hinings C. Configuration approaches to organizational analysis. Academy of Management Journal，1993，36（6）：1175–1195

[122] Bozarth C，McDermott C. Configurations in manufacturing strategy：a review and directions for future research. Journal of Operations Management. 1998（16）：427-439

[123] Boyer K K，Bozarth C，McDermott C. Configurations in operations：an emerging area of study.

Journal of Operations Management，2000（18）：601-604

[124] Doty H，Glick W. Typologies as a unique form of theory building：toward improved understanding and modeling. Academy of Management Review，1994，19（2）：230-251

[125] Oltra M J，Maroto C，Segura B. Operations strategy configurations in project process firms. International Journal of Operations&Production Management，2005，25（5）：429-448

[126] Stobaugh R，Telesio P. Match manufacturing policies and product strategy. Harvard Business Review，1983，61（3-4）：113-120

[127] De Meyer A. An empirical investigation of manufacturing strategies in European industry，in Manufacturing strategy. Theory and Practice，Proceeding of the 5th International Conference of the UK Operations Management Association，1990，6：555-579

[128] Richardson P R，Taylor A J，Gordon J R M. A strategic approach to evaluating manufacturing performance. Interfaces，1985，15（6）：15-27

[129] Hill C W L.Differentiation versus low cost or differentiation and low cost：a contingency framework. Academy of Management Review，1988，13：401-412

[130] Kotha S，Orne D. Generic manufacturing strategies：a conceptual synthesis. Strategic Manage，1989，10：211-231

[131] Sweeney M T. Towards a Unified Theory of Strategic Manufacturing Management，International Journal of Operations&Production Management，1991，11（8）：6-22

[132] Cagliano R，Acur N，Boer H. Manufacturing strategy configurations：stability and trends of change. Proceedings of the International Conferencen on Managing Innovative Manufacturing，2003：65-77

[133] Kathuria R. Competitive priorities and managerial performance：a taxonomy of small manufacturers. Journal of Operations Management，2000（18）：627-641

[134] Frohlich M T，Dixon J R. A taxonomy of manufacturing strategies revisited. Journal of Operations Management，2001（19）：541-558

[135] Leong G K，Snyder D L，Ward P T. Research in the Process and Content of Manufacturing Strategy. Omega，1990，18（2）：109-122

[136] W. H. B. 考特. 简明英国经济史（1750 年至 1939 年）. 方廷钰，吴良健，简征勋 译. 北京：商务印书馆，1992

[137] 亚当·斯密. 国富论. 杨敬年 译. 西安：陕西人民出版社，2001

[138] F·W. 泰勒. 科学管理原理. 胡隆昶，冼子恩，曹丽顺译. 重庆：中国社会科学出版社，1984

[139] Stoner J F，Freeman A E，Gilbert Jr D A. 管理学教程（第 6 版）. 刘学，等译. 北京：华夏出版社. 2001

[140] Yamashina H. Japanese manufacturing strategy and the role of total productive maintenance. Journal of Quality in Maintenance Engineering，1995，1（1）：27-38

[141] Bolden R，Waterson P，Warr P，et al. A new taxonomy of modern manufacturing practices. International Journal of Operations&Production Management，1997，17（11）：1112-1130

[142] Robbins S P，Coultar M. Management（Fifth Edition）. 北京：清华大学出版社，1997

[143] Collis D J，Montgomery C A. Competing on resources：strategy in the 1990s. Harvard Business

Review，1995，73（7-8）：118-128

[144] Hoskisson R E，Hitt M A，Wan W P，et al. Theory and research in strategic management. swings of a pendulum. Journal of Management. 1999，25（3）：417-456

[145] Forker L B. Factors affecting supplier quality performance. Journal of Operations Management. 1997（15）：243-269

[146] Jayaram J，Vickery S K，Droge C. An empirical study of time-based competition in the North American automotive supplier industry. International Journal of Operations&Production Management，1999，19（10）：1010-1033

[147] Upton D M. The management of manufacturing flexibility. California Management Review，1994，26：72-89

[148] Crowe T J. Integration is Not Synonymous with Flexibility. International Journal of Operations & Production Management，1992，12（10）：26-33

[149] Koste L L，Malhotra M K. A theoretical framework for analyzing the dimensions of manufacturing flexibility. Journal of Operations Management 1999（18）：75-93

[150] Zhang Q，Vonderembse M A，Limc J S. Manufacturing flexibility：defining and analyzing relationships among competence，capability，and customer satisfaction. Journal of Operations Management 2003（21）：173-191

[151] Voss C A. Japanese Manufacturing Management Practices in the UK. International Journal of Operations & Production Management，1984，4（2）：31-38

[152] Young S T，Kwong K K，Li C，et al. Global Manufacturing Strategies and Practices：A Study of Two Industries. International Journal of Operations&Production Management，1992，12（9）：5-17

[153] Motwani J G，Jiang J J，Kumar A. A comparative analysis of manufacturing practices of small and large Company. Industrial Management & Data Systems，1998，1：8-11

[154] Samson D，Ford S. Manufacturing practices and performance：Comparisons between Australia and New Zealand. International Journal of Production Economics，2000，65：243-255

[155] 汪星明，施礼明. 现代生产管理. 北京：中国人民大学出版社，1999

[156] Spencer M S，Cox J F. An analysis of the product-process matrix and repetitive manufacturing. International Journal of Production Research，1995

[157] Safizadeh M H，Ritzman L P，Sharma D，et al. An empirical analysis of the Product-process matrix. Management Science，1996，42（11）：1576-1591

[158] 弗雷德·R. 戴维. 战略管理（第八版）李克宁译. 北京：经济科学出版社. 2001

[159] 艾尔弗雷德·D. 钱德勒. 战略与结构——美国工商企业成长的若干篇章.北京天则经济研究所，北京江南天慧经济研究有限公司 选译. 昆明：云南人民出版社，2002

[160] 格里·约翰逊，凯万·斯科尔斯. 公司战略教程（第三版）. 金占明，贾秀梅 译. 北京：华夏出版社. 1998

[161] Miller S S. Make your plant manager's job manageable. Harvard Business Review，1983：69-74

[162] Vickery S K，A theory of production competence revisited，Decision Sciences，1991，22（3）：635-643

[163] Mills J，Neely A，Platts K，et al. The manufacturing strategy process：incorporating a learning

perspective. Integrated Manufacturing Systems，1998，9（3）：148-155

[164] Florida R. Lean and green：the move to environmentally conscious manufacturing. California Management Review，1996，39（1）：80-105

[165] Corbett C，Wassenhove L V. Trade-offs? What trade-offs? Competence and competitiveness in manufacturing strategy. California management review，1993，25：107-122

[166] Kim L，Lim Y C. Environment Generic Strategies，and Performance in Rapidly Developing Country：A Taxonomic Approach. Academy of Management Journal. 1988，31（4）：802-827

[167] John K. McCreery，Lee J. Krajewski，G. Keong Leong，Peter T. Ward. Performance implications of assembly work teams. Journal of Operations Management 22. 2004：387-412

[168] Ho C F. A contingency theoretical model of manufacturing strategy. International Journal of Operations&Production Management，1996，16（5）：74-98

[169] Pagell M，Krause D R. A multiple-method study of environmental uncertainty and manufacturing flexibility. Journal of Operations Management，1999，17：307-325

[170] Radder L，Louw L. The SPACE matrix：a tool for calibrating competition. Long Range Planning，1998，31（4）：549-559

[171] Lindberg P，Voss C A，Blackmon K L. International Manufacturing Strategies：Context，Content and Change. Kluwer Academic Publishers，1998，5.

[172] 刘朝杰. 问卷的信度与效度评价. 中国慢性病预防与控制，1997，5（4）：174-177

[173] 张力为. 效度的正用与误用. 北京体育大学学报，2002，25（4）：493-495，501

[174] 温忠麟，侯杰泰，马什赫伯特. 结构方程模型检验：拟合指数与卡方准则. 心理学报，2004，36（2）：186-194

[175] 侯杰泰，温忠麟，成子娟. 结构方程模型及其应用. 北京：教育科学出版社，2004

[176] Sun H. The patterns of implementing TQM versus ISO 9000 at the beginning of the 1990s. International Journal of Quality & Reliability Management，1999，16（3）：201-214

[177] 何晓群，刘文卿. 应用回归分析. 北京：中国人民大学出版社，2001

[178] G；ff；C，Roth A，Seal G. Competing in World Class Manufacturing：America's 21st Century Challenge，Business One Irwin，Homewood，IL. 1990

[179] 罗莎贝丝·坎特. 世界极：地方企业如何逐鹿全球. 王至成译. 上海人民出版社，2001.

[180] 谢鹏. 制造企业管理的战略、方法、组织研究. 中国人民大学博士学位论文. 1996.

[181] Schonberger R J. World Class Manufacturing：The Next Decade. New York：The Free Press，1996

[182] 布赖恩·普雷斯科. 创建世界级组织：经营成功的十条衡量标准. 杨金城译. 北京：中国经济出版社，1999

[183] 戴维·德莱曼，斯图尔特·佩宁顿. 世界级管理 12 步骤. 冯士新译. 桂林：广西师范大学出版社，2001

附 录

附录 I   IMSS' 1993 因子分析结果

因子 实践	1	2	3	4	5	Cronbach's Alpha
QFD	0.771 5	—	—	—	—	0.853 5
QPD	0.742 9	—	—	—	—	—
ZDP	0.635 7	—	—	—	—	—
TQM	0.597 6	—	—	—	—	—
TPM	0.589 3	—	—	—	—	—
作业成本	0.571 0	—	—	—	—	—
改善	0.527 6	—	—	—	—	—
标杆瞄准	0.511 3	—	—	—	—	—
环保计划	—	0.814 7	—	—	—	0.729 4
节能计划	—	0.708 7	—	—	—	—
健康计划	—	0.660 5	—	—	—	—
SPC	—	0.526 7	—	—	—	—
SMED	—	0.411 3	—	—	—	—
JIT	—	—	0.515 5	—	—	0.636 3
DFA/DFM	—	—	0.493 8	—	—	—
准时交货	—	—	0.472 2	—	—	—
价值分析	—	—	0.445 4	—	—	—
拉式生产	—	—	0.415 0	—	—	—
ISO9000	—	—	−0.570 3	—	—	—
MRP	—	—	—	0.404 2	—	0.617 2
MRP II	—	—	—	0.695 3	—	—
厂中厂	—	—	—	0.652 2	—	—
定义战略	—	—	—	0.521 0	—	—
CAD	—	—	—	—	0.781 3	0.620 1
CAM	—	—	—	—	0.683 1	—
同步工程	—	—	—	—	0.413 6	—
工作小组	—	—	—	—	0.396 7	—

附录Ⅱ　IMSS'1997 因子分析结果

实践\因子	1	2	3	4	5	6	7	Cronbach's Alpha
自动工具	0.674 5	—	—	—	—	—	—	0.826 5
自动部件	0.666 4	—	—	—	—	—	—	—
机器人	0.610 2	—	—	—	—	—	—	—
SMED	0.582 6	—	—	—	—	—	—	—
AGV	0.532 4	—	—	—	—	—	—	—
数控	0.530 8	—	—	—	—	—	—	—
自动存取	0.504 9	—	—	—	—	—	—	—
MRP	—	0.632 9	—	—	—	—	—	0.871 8
MRP II	—	0.581 0	—	—	—	—	—	—
共享数据	—	0.550 7	—	—	—	—	—	—
DFA/DFM	—	0.498 8	—	—	—	—	—	—
LAN	—	0.483 0	—	—	—	—	—	—
厂中厂	—	0.467 1	—	—	—	—	—	—
BPR	—	0.466 9	—	—	—	—	—	—
ISO9000	—	0.459 5	—	—	—	—	—	—
WAN	—	0.452 0	—	—	—	—	—	—
CAD	—	0.404 3	—	—	—	—	—	—
CAT	—	0.373 0	—	—	—	—	—	—
价值分析	—	0.366 5	—	—	—	—	—	—
准时交货	—	—	0.756 6	—	—	—	—	0.817 6
JIT	—	—	0.688 4	—	—	—	—	—
ZDP	—	—	0.592 5	—	—	—	—	—
TQM	—	—	0.530 4	—	—	—	—	—
改善	—	—	0.527 4	—	—	—	—	—
拉式生产	—	—	0.498 9	—	—	—	—	—
标杆瞄准	—	—	—	0.416 9	—	—	—	0.780 8
QFD	—	—	0.756 7	—	—	—	—	—
QPD	—	—	0.715 5	—	—	—	—	—
TPM	—	—	0.451 3	—	—	—	—	—
作业成本	—	—	0.422 1	—	—	—	—	—

因子 实践	1	2	3	4	5	6	7	Cronbach's Alpha
定义战略	—	—	—	—	0.753 6	—	—	0.751 5
同步工程	—	—	—	—	0.692 7	—	—	—
工作小组	—	—	—	—	0.655 3	—	—	—
CAM	—	—	—	—	—	0.751 4	—	0.799 6
CIM	—	—	—	—	—	0.553 7	—	—
CAPP	—	—	—	—	—	0.546 5	—	—
CAE	—	—	—	—	—	0.542 4	—	—
环保计划	—	—	—	—	—	—	0.766 4	0.796 8
SPC	—	—	—	—	—	—	0.409 4	—
健康计划	—	—	—	—	—	—	0.741 5	—
节能计划	—	—	—	—	—	—	0.586 3	—

附录Ⅲ　IMSS' 2001 因子分析结果

实践 ＼ 因子	1	2	3	4	5	Cronbach's Alpha
设备生产率	0.701 5	—	—	—	—	0.7905
环境兼容	0.698 9	—	—	—	—	—
质量改进	0.691 4	—	—	—	—	—
员工授权	0.633 4	—	—	—	—	—
产品开发	0.462 0	—	—	—	—	—
过程集中	—	0.747 2	—	—	—	0.719 0
拉式生产	—	0.712 5	—	—	—	—
供应战略	—	0.643 7	—	—	—	—
外包	—	0.447 2	—	—	—	—
制造能力	—	—	0.831 0	—	—	0.672 8
工艺设备	—	—	0.726 8	—	—	—
自动化	—	—	0.540 8	—	—	—
电子商务	—	—	—	0.823 7	—	—
信息通信	—	—	—	—	0.819 9	—

附录Ⅳ IMSS' 2005 因子分析结果

实践 \ 因子	1	2	3	4	5	Cronbach's Alpha
供应商协调	0.749 9	—	—	—	—	0.807 2
分销战略	0.699 4	—	—	—	—	—
供应商开发	0.693 0	—	—	—	—	—
供应战略	0.647 9	—	—	—	—	—
客户协调	0.618 8	—	—	—	—	—
自动化	—	0.702 5	—	—	—	0.771 1
信息通信	—	0.700 4	—	—	—	—
环境绩效	—	0.576 6	—	—	—	—
设备生产率	—	0.527 2	—	—	—	—
质量改进	—	0.522 6	—	—	—	—
精益组织	—	—	0.719 5	—	—	0.725 6
劳动力弹性	—	—	0.650 0	—	—	—
持续改进	—	—	0.589 3	—	—	—
员工授权	—	—	0.559 0	—	—	—
产品开发	—	—	—	0.673 2	—	0.736 5
技术集成	—	—	—	0.644 5	—	—
组织集成	—	—	—	0.643 3	—	—
制造能力	—	—	—	—	0.664 8	0.568 7
过程集中	—	—	—	—	0.758 3	—
拉式生产	—	—	—	—	0.579 2	—

附录Ⅴ　不同制造战略类的制造战略差异

项目		第一类			第二类			第三类			F	Sig.
		均值	排序		均值	排序		均值	排序			
IMSS' 1993	TQM	3.398 4	5	2，3	2.950 6	8	1	2.865 8	7	1	7.779 4	0.000 5
	SPC	3.039 2	11	3	2.784 1	13	—	2.668 9	13	1	3.648 6	0.026 7
	ISO9000	3.159 4	9	—	3.000 0	7	—	3.204 1	4	—	0.462 0	0.630 3
	MRP	3.253 4	6	3	3.347 8	3	3	2.704 9	12	1，2	5.838 9	0.003 2
	MRP II	2.758 8	17	—	2.450 0	20	—	2.469 0	17	—	1.582 4	0.206 9
	JIT	3.114 1	10	3	2.939 8	9	—	2.826 4	8	1	2.120 5	0.121 1
	准时交货	2.980 1	13	—	2.802 6	12	—	2.794 3	9	—	0.891 2	0.410 9
	SMED	2.654 0	21	3	2.318 2	23	—	1.941 7	27	1	10.914 1	0.000 0
	拉式生产	2.641 0	24	3	2.525 0	17	—	2.311 1	23	1	2.199 8	0.112 0
	ZDP	2.964 0	14	2，3	2.540 5	16	1	2.358 8	19	1	7.427 8	0.000 7
	CAM	2.867 0	15	3	2.441 6	21	—	2.469 2	16	1	4.847 4	0.008 3
	CAD	3.593 0	1	—	3.814 4	1	—	3.476 2	1	—	2.027 4	0.132 8
	DFA/D FM	2.650 0	22	2，3	2.215 4	25	1	2.336 0	21	1	3.938 9	0.020 2
	QFD	2.721 7	20	3	2.453 3	19		2.354 3	20	1	3.136 1	0.044 5
	价值分析	2.740 3	18	3	2.740 7	15	3	2.335 8	22	1，2	5.033 2	0.006 9
	QPD	2.843 0	16	—	2.876 5	10	—	2.531 3	14	—	2.238 7	0.107 8
	厂中厂	3.030 4	12	—	2.822 8	11	—	2.715 4	11	—	1.973 8	0.140 2
	定义战略	3.468 9	3	3	3.341 5	4	2	2.971 8	5	1	6.515 9	0.001 6
	同步工程	2.739 1	19	2，3	2.320 5	22	1	2.409 8	18	1	4.141 1	0.016 6
	作业成本	2.467 9	26	—	2.270 3	24	—	2.255 8	24	—	1.259 9	0.284 8
	工作小组	3.453 1	4	—	3.255 8	5	—	3.298 7	3	—	1.175 6	0.309 5
	标杆瞄准	2.588 2	25	2，3	2.205 5	26	1	2.210 9	25	1	4.389 7	0.013 0
	改善	3.164 4	8	2，3	2.756 4	14	1	2.781 3	10	1	4.079 2	0.017 6
	TPM	2.457 0	27	—	2.164 4	27	—	2.206 6	26	—	2.288 7	0.102 7
	节能计划	2.647 8	23	—	2.500 0	18	—	2.481 2	15	—	0.886 8	0.412 7

续表

项目		第一类			第二类			第二类			F	Sig.
		均值	排序		均值	排序		均值	排序			
IMSS' 1993	环保计划	3.222 7	7	3	3.186 0	6	—	2.945 2	6	1	2.342 7	0.097 2
	健康计划	3.516 9	2	—	3.552 1	2	—	3.354 4	2	—	1.323 5	0.267 1
IMSS' 1997	TQM	3.012 5	5	3	2.775 5	15	3	3.320 1	5	1, 2	6.094 4	0.002 4
	SPC	2.620 3	17	—	2.860 1	13	—	2.899 4	16	—	2.012 1	0.134 9
	ISO9000	3.763 3	1	—	3.700 7	1	—	3.834 3	1	—	0.326 5	0.721 6
	QFD	2.483 4	19	3	2.683 5	20	—	2.897 4	17	1	3.643 3	0.027 0
	QPD	2.867 5	11	—	2.758 9	17	—	3.057 7	12	—	1.823 0	0.162 7
	ZDP	2.296 8	26	3	2.576 4	22	—	2.829 1	18	1	6.202 7	0.002 2
	标杆瞄准	2.574 2	18	3	2.538 5	25	3	2.936 2	14	1, 2	4.679 7	0.009 7
	改善	2.884 6	9	3	3.117 2	8	—	3.337 6	4	1	4.123 0	0.016 8
	CAT	2.361 3	23	2, 3	2.697 2	19	—	2.754 7	20	1	3.864 1	0.021 7
	MRP	3.121 0	4	2	3.475 5	4	1, 3	3.128 8	10	2	3.054 8	0.048 1
	MRP II	2.671 0	15	2	3.014 2	9	1, 3	2.677 0	22	2	2.604 3	0.075 1
	JIT	2.734 2	13	—	2.909 1	12	—	2.926 8	15	—	1.091 4	0.336 6
	准时交货	2.937 1	8	—	3.153 8	6	—	3.233 1	7	—	1.965 2	0.141 3
	SMED	1.964 5	36	—	2.214 8	34	—	2.201 4	36	—	1.556 8	0.212 0
	拉式生产	2.317 2	24	—	2.612 7	21	—	2.593 3	26	—	2.048 9	0.130 1
	CAE	2.407 9	21	3	2.728 6	18	—	2.808 2	19	1	3.403 8	0.034 1
	CAD	3.542 2	2	—	3.643 8	3	—	3.649 7	3	—	0.339 6	0.712 3
	CAPP	2.020 0	33	—	2.159 4	37	—	2.198 6	37	—	0.850 9	0.427 8
	数控	2.724 4	14	—	2.912 4	11	—	2.960 8	13	—	1.188 4	0.305 7
	机器人	2.045 2	32	—	2.093 5	39	—	2.019 5	39	—	0.140 3	0.869 1
	自动工具	1.922 1	37	2	2.264 7	32	1	2.144 7	38	—	2.945 5	0.053 6
	自动部件	2.115 6	29	—	2.264 3	33	—	2.348 4	31	—	1.230 7	0.293 1
	自动存取	1.593 1	40	—	2.059 7	40	1	1.920 5	40	1	5.444 6	0.004 6
	AGV	1.305 6	41	2	1.759 4	41	1	1.560 0	41	—	6.271 2	0.002 1

续表

项目		第一类			第二类			第三类			F	Sig.
		均值	排序		均值	排序		均值	排序			
IMSS' 1997	AM											
	CIM	1.780 8	39	2，3	2.177 8	36	1	2.229 7	35	1	5.696 6	0.003 6
	局域网	2.954 2	7	—	3.176 5	5	—	3.154 4	9	—	1.115 9	0.328 5
	广域网	2.000 0	35	3	2.300 0	29	—	2.468 1	28	1	4.258 3	0.014 8
	共享数据	2.655 8	16	—	2.854 0	14	—	2.708 9	21	—	0.858 8	0.424 4
	DFA/DFM	1.804 2	38	2，3	2.276 1	31	1	2.319 4	33	1	7.740 9	0.000 5
	同步工程	2.133 8	28	—	2.150 4	38	—	2.314 7	34	—	0.886 7	0.412 8
	价值分析	2.362 4	22	3	2.565 2	23	—	2.668 8	23	1	2.528 1	0.081 0
	厂中厂	2.316 9	25	—	2.540 1	24	—	2.609 6	25	—	1.902 8	0.150 4
	BPR	2.103 4	30	—	2.365 0	28	—	2.328 7	32	—	1.776 7	0.170 5
	定义战略	2.880 8	10	—	2.771 4	16	—	3.059 2	11	—	1.860 3	0.156 8
	作业成本	2.006 7	34	3	2.296 3	30	—	2.454 5	30	1	4.590 6	0.010 6
	工作小组	2.966 2	6	—	2.929 1	10	—	3.172 0	8	—	1.542 6	0.215 0
	TPM	2.237 2	27	—	2.214 3	35	—	2.461 0	29	—	1.763 4	0.172 7
	节能计划	2.445 2	20	—	2.407 1	26	—	2.664 5	24	—	1.997 5	0.136 9
	环保计划	2.847 1	12	2，3	3.142 9	7	1	3.284 0	6	1	4.743 5	0.009 1
	健康计划	3.331 3	3	2，3	3.689 7	2	1	3.678 8	2	1	5.230 1	0.005 7
IMSS' 2001	工艺设备	3.283 3	1	—	3.166 7	4	—	3.210 5	5	—	0.404 6	0.667 5
	制造能力	3.140 5	3	3	3.238 3	1	—	3.451 1	1	—	2.131 9	0.119 8
	自动化	2.350 0	13	3	2.463 2	12	3	2.776 9	12	1，2	4.272 3	0.014 5
	信息通信	2.991 6	6	—	3.218 1	2	—	3.286 8	3	—	1.830 3	0.161 6
	电子商务	1.731 1	14	3	1.841 3	14	3	2.300 0	14	1，2	11.137 6	0.0000
	供应战略	2.689 7	10	—	2.675 7	9	3	2.931 8	9	2	2.518 4	0.081 8
	外包	2.500 0	12	—	2.369 0	13	3	2.771 0	13	2	4.424 9	0.012 5

项目		第一类			第二类			第三类			F	Sig.
		均值	排序		均值	排序		均值	排序			
IMSS' 2001	过程集中	3.067 8	5	—	2.910 1	7	—	3.193 8	6	—	2.017 9	0.134 2
	拉式生产	2.692 3	9	3	2.648 9	10	3	3.078 7	7	1, 2	4.672 0	0.009 8
	质量改进	3.140 5	4	3	3.072 9	5	3	3.435 1	2	1, 2	4.226 9	0.015 2
	设备生产率	2.605 0	11	3	2.560 8	11	3	2.923 1	10	1, 2	4.345 6	0.013 5
	雇员授权	2.949 6	7	—	2.947 6	6	—	3.075 8	8	—	0.599 1	0.549 8
	产品开发	2.732 8	8	—	2.744 7	8	—	2.867 2	11	—	0.598 0	0.550 4
	环境兼容	3.262 7	2	—	3.172 8	3	—	3.278 2	4	—	0.453 5	0.635 7
IMSS' 2005	制造能力	3.031 9	2	2, 3	3.282 4	2	1	3.357 4	2	1	4.344 7	0.013 4
	过程集中	3.048 1	1	2, 3	3.289 9	1	1, 3	3.532 4	1	1, 2	10.468 8	0.000 0
	拉式生产	2.702 7	9	3	2.839 3	10	—	3.044 1	8	1	4.767 7	0.008 8
	质量改进	2.875 7	3	3	3.071 4	3	—	3.230 8	3	1	5.843 5	0.003 1
	设备生产率	2.725 5	7	3	2.773 3	11	3	3.035 8	10	1, 2	5.420 4	0.004 6
	环境绩效	2.453 6	17	3	2.700 0	16	3	2.941 4	14	1, 2	9.362 0	0.000 1
	产品开发	2.691 5	11	2, 3	2.994 2	5	1	3.021 6	12	1	6.377 4	0.001 8
	组织集成	2.627 7	13	3	2.711 8	15	—	3.036 0	9	1, 2	10.384 3	0.000 0
	技术集成	2.775 4	6	3	2.994 1	6	—	3.197 8	4	1	7.840 0	0.000 4
	自动化	2.567 6	14	3	2.605 7	17	—	2.794 2	17	1	2.552 0	0.078 7
	信息通信	2.852 5	4	3	2.959 8	8	—	3.120 0	5	1	2.877 6	0.057 0
	员工授权	2.715 1	8	2, 3	2.965 7	7	1	2.942 7	13	1	3.942 4	0.019 9
	精益组织	2.654 1	12	3	2.764 4	13	—	2.872 7	15	1	2.128 4	0.119 9
	劳动力弹性	2.834 2	5	3	3.034 7	4	—	3.057 8	6	1	2.748 2	0.064 8

续表

项目		第一类			第二类			第三类			F	Sig.
		均值	排序		均值	排序		均值	排序			
IMSS' 2005	供应链战略	2.545 5	15	2，3	2.766 5	12	1	2.837 6	16	1	4.513 7	0.011 3
	供应商开发	2.469 3	16	2，3	2.745 5	14	1，3	3.029 4	11	1，2	16.926 3	0.000 0
	供应商协调	2.346 4	19	3	2.518 3	18	3	2.764 7	18	1，2	9.670 4	0.000 1
	分销战略	2.203 4	20	3	2.372 0	20	—	2.509 1	20	1	4.401 9	0.012 6
	客户协调	2.433 5	18	3	2.465 8	19	3	2.741 6	19	1，2	5.845 2	0.003 1

注：排序右边一列表示与其他类在 0.05 的显著性水平上有差异